· 西北大学“双一流”建设项目
(Sponsored by First-class Universities and Academic Programs of Northwest University)
· 国家自然科学基金项目(72301211)
· 教育部人文社会科学研究西部和边疆地区项目(22XJCZH004)

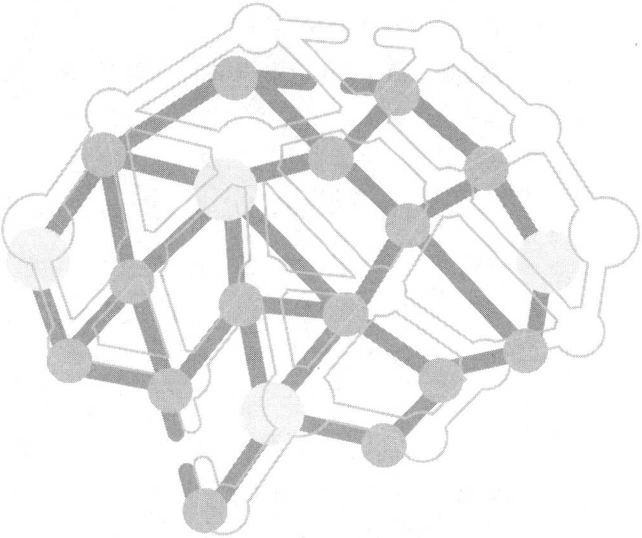

Research on Deep Reinforcement Learning Algorithm and Its Applications in Intelligent Decision Making

深度强化学习算法
及其在智能决策中的应用研究

马 聪 孙若斌◎著

中国经济出版社
CHINA ECONOMIC PUBLISHING HOUSE
北京

图书在版编目（CIP）数据

深度强化学习算法及其在智能决策中的应用研究／马聪，孙若斌著．--北京：中国经济出版社，2024.5

ISBN 978－7－5136－7773－8

Ⅰ.①深… Ⅱ.①马… ②孙… Ⅲ.①机器学习－应用－智能决策－研究 Ⅳ.①C934－39

中国国家版本馆 CIP 数据核字（2024）第 098683 号

责任编辑　贺　静　杨元丽
责任印制　李　伟
封面设计　华子设计

出版发行　中国经济出版社
印 刷 者　天津嘉恒印务有限公司
经 销 者　各地新华书店
开　　本　710mm×1000mm　1/16
印　　张　12
字　　数　168 千字
版　　次　2024 年 5 月第 1 版
印　　次　2024 年 5 月第 1 次
定　　价　78.00
广告经营许可证　京西工商广字第 8179 号

中国经济出版社 **网址** http://epc.sinopec.com/epc/ **社址** 北京市东城区安定门外大街 58 号 **邮编** 100011
本版图书如存在印装质量问题，请与本社销售中心联系调换（联系电话：010－57512564）

前言 PREFACE

随着时代的发展和科技的进步，以大数据为驱动的人工智能技术正在推动人类社会进入第四次工业革命。人工智能的核心在于如何指导机器模仿人类完成一系列的工作和任务。近年来，AlphaGo、AlphaZero 等一系列人工智能在围棋比赛中战胜人类职业选手，使得深度强化学习算法受到来自各界人士的广泛关注。不同于人工神经网络模型，深度强化学习算法是通过智能体与环境进行不断交互来获得经验与知识，从而完成相应的任务，是一种更加接近人类思维方式的算法。目前，深度强化学习算法已在自动驾驶、广告推荐、游戏控制、量化交易等领域得到广泛的应用。

然而，随着应用场景的扩大，深度强化学习算法面临着巨大的挑战。众所周知，深度强化学习算法是将深度学习的感知能力和强化学习的决策能力相结合，充分利用了二者的优势。基于此，本书主要对深度学习的工作原理及深度强化学习在应用时存在的问题进行研究，寻找更适合大数据时代的高性能深度强化学习算法。本书的主要研究成果包括以下四个方面：

第一，基于信息论对神经网络中正则项的工作原理给出了一种合理解释。首先，从信息瓶颈原理出发，对神经网络的目标函数进行分析，该目标函数可表示为与隐层信息熵相关的形式；其次，在基于信息论的目标函数与带有正则项的神经网络的目标函数之间建立了一个对应的关系，进而提出一个度量指标——AEntry 值，用于度量带有不同正则项模型的隐层编码长度。基于大量的实验结果，我们得知正则项的引入会改变神经网络隐层的编码方式，且不同的正则项会对模型的编码产生不同的影响，合理地利用编码的冗余性可有效提高模型的性能；另外，由于信息的冗余表示使得神经网络的逐层编码长度不满足信息论中的数据处理不等式，正则项的引入会对模型的逐层编码产生影响，为有效完成任务，更深的层采用了更加冗余的表示。

第二，针对将深度强化学习算法用于单资产交易问题，提出了一种多模块并行的深度强化学习算法。由于股票市场的波动受多种因素的影响，采用单一的网络结构的传统的深度强化学习算法很难从市场中提取所有有效信息，因此，我们提出一种多模块并行的特征编码机制以从环境中提取有效信息。这里通过采用全连接神经网络和长短期记忆神经网络并联的方式来提取并编码市场中的所有相关特征，其中，全连接神经网络被用于提取当前时刻的特征，长短期记忆神经网络被用于提取长期历史趋势特征。采用这种多模块并行的特征编码方式，智能体可有效地识别当前的市场状态。A 股市场上的大量实验结果表明，相比已有的模型，我们所提出的算法模型获得的收益率更高且风险更低。

第三，针对将深度强化学习算法用于投资组合问题，提出了基于趋势一致的多智能体深度强化学习算法。首先，我们提出趋势一致因子，即构建趋势一致判别器来识别投资组合内多只股票的趋势是否一致；其次，基于趋势一致因子构建相应的趋势一致正则项，并引入目标函数中用以指导智能体进行学习。该算法包含两个不同的智能体，当股票趋势一致时，采用智能体 1 进行交易；当股票趋势不一致时，采用智能体 2 进行交易。该系统会根据投资组合内股票价格的波动，动态地在这两个智能体之间进行切换。我们基于 A 股市场构建了多个投资组合，大量的实验结果表明所提出的算法可显著地提高投资组合的收益。

第四，针对复杂多步骤任务中存在的奖励稀疏、奖励函数难以训练等问题，提出多环境并行的深度强化学习算法。对于多步骤任务中每一个关键的子步骤，我们构建与原始环境相类似的辅助环境，并在每一个辅助环境中嵌入相应子步骤的奖励值。在训练的过程中，智能体同时与原始环境以及辅助环境进行交互来学习此任务，通过将中间奖励合理地嵌入辅助环境中，可让智能体意识到中间步骤的重要性。此外，智能体可根据训练阶段，自适应地对奖励函数进行调整。在经典的深度强化学习算法的训练场景——星际争霸的造兵任务上进行了大量的实验，结果表明我们所提出的算法远超于目前已有的其他算法，且以更快的收敛速度获得更高的奖励。

最后，我们概述了深度强化学习算法在工业运维中的应用。

目录 CONTENTS

1 绪论

2 深度强化学习算法概述

3 基于信息瓶颈理解正则化算法的工作原理

4 多模块并行的单资产交易深度强化学习算法

5 趋势一致的多智能体投资组合强化学习算法

6 针对复杂多步骤任务的多环境并行的深度强化学习算法

7 深度强化学习在工业智能运维中的应用

8 总结与展望

1 绪论

1.1 研究背景与研究意义

随着互联网、大数据以及高性能计算设备的发展和普及，人工智能（Artificial Intelligence）正在推动人类社会进入智能时代。人工智能旨在创造一种智能机器，使其能够像人类一样去完成一些任务，也就是研究如何使用计算机来模拟人的思维方式或智能行为。近年来，人工智能的发展如火如荼，在很多学科领域都获得了广泛应用，对人类的生活也产生了重大的影响，被认为是21世纪的三大尖端技术之一。2012年6月，Jeff Dean和Andrew Ng从YouTube视频中提取了1000万个未标记的图像，训练了一个由16000个电脑处理器组成的庞大深度神经网络[1]，可以在没有外界条件的干涉下识别出猫的面孔，这在当时引起了极大的轰动。2015年，微软亚洲研究院提出了高达152层的深度残差网络[2]，并将ImageNet数据集上的错误率降至3.57%，达到了和人类识别相近似的水平。2016年3月，谷歌DeepMind团队研发的基于深度神经网络和搜索树的智能机器人AlphaGo在围棋比赛中战胜了九段棋手李世石[3,4]，受到学术界和工业界的普遍关注，开启了人工智能的新纪元。2019年4月，人工智能战队代表OpenAI Five在Dota2中以2∶0的比分击败世界冠军团队OG，正式宣告人类在Dota这种高难度游戏中成为人工智能算法的手下败将。同年7月，来自CMU和Facebook的研究人员开发的Pluribus智能系统在6人无限制德州扑克这项复杂游戏中，碾压人类职业选手[5]。到11月，麻省理工学院科研团队开发的 DeepRole 在一个类似于“杀人游戏”的在线游戏中胜过人类，成为首个在玩家角色和动机不明的多玩家游戏中打败人类玩家的人工智能程序，具有很强大的演绎推理能力[6]。随着先进技术的发展，人工智能技术开始影响人们社会生活的方方面面，如人脸识别[7,8]、语音助手[9,10]、无人驾驶[11,12]等领域，同时带动相应产业的发展变革，人工智能技术也被视为第四次工业革命[13,14]。

人工智能的研究目标是开发能够代替生物智能完成特定任务的计算机系统，且要求该系统具有感知、识别、决策和控制能力。众所周知，机器学习算法是人工智能的基石，其是指让机器学习人类思考的过程并具有类似的决策能力，主要由监督学习（Supervised Learning）、无监督学习（Unsupervised Learning）和强化学习（Reinforcement Learning）这三类算法组成。其中，监督学习是指根据有标签的数据来构建预测模型，使得算法能够以合理的方式从已知的情况推算出未知的情况[15]，常见的算法有支持向量机、决策树、人工神经网络等；而无监督学习是指从没有标签的训练数据中提取数据结构[16]，其与监督学习最大的区别是没有先验知识，常见的算法有主成分分析、K－means 等；不同于机器学习中常见的监督学习和无监督学习算法，强化学习（Reinforcement Learning）算法受行为主义心理学的启发，其学习过程类似于我们人类学习知识的过程，该算法的最大特点是在交互中学习，即智能体根据与环境进行交互得到的奖励或惩罚不断地学习知识，适应环境[17]。

近年来，以深度学习为主导的人工智能技术已经在各个方面取得了显著的成就，彻底改变了人们的生活方式。2015 年，随着 AlphaGo 在围棋比赛中取得里程碑式的胜利，人工智能技术又一次迎来突破性的进步。自此，深度强化学习受到来自各个领域研究者的广泛关注。不同于传统无模型强化学习算法通过函数逼近技术来使智能体学习值函数或者策略，深度强化学习算法是将深度学习的感知理解能力与强化学习的决策能力相结合，实现了端到端的学习，是一种更加接近于人类思维方式的人工智能学习方法。到目前为止，该算法在处理复杂的决策问题方面已经展示出巨大潜力，这使得它不仅可以有效地控制游戏，而且在自动驾驶系统[18]、广告推荐系统[19]、对话系统[20]、量化交易[21]等领域也取得了巨大的成功。有研究者提出深度强化学习算法是通向强人工智能或通用人工智能（Artificial General Intelligence，AGI）的核心技术之一。AGI 是指具备与人类同等智慧或超越人类的人工智能技术，它通常把人工智能与意识、感性、知识等人类的特征相结合，是人工智能研究的最终目标[22]。一般来讲，AGI 应具有以下三大特征：

· 通用任务，即尽可能地减少对领域知识的依赖；

· 学习能力，即通过学习来提高处理通用任务的适用性；

· 自省能力，即通过自省来修正行为。

但是，截至目前，人工智能的发展仍处于"弱人工智能"的层面，距离实现 AGI 还有很长的路要走。因此，对深度强化学习算法的研究刻不容缓。

2021 年 3 月，十三届全国人大四次会议表决通过了关于国民经济和社会发展第十四个五年规划，该规划重点提出"加快数字发展，建设数字中国"这一目标。这一规划指出要聚焦人工智能关键算法、高端芯片、操作系统等关键领域，同时培育壮大人工智能、大数据、区块链、云计算、网络安全等新兴数字产业。该规划的提出进一步明确了人工智能的重要地位，因此，人工智能算法的研究对于我国的科技发展具有重大意义。

1.2 国内外研究现状综述

深度强化学习算法采用深度学习来感知并编码有效特征，因此，研究深度学习算法对于深度强化学习算法的发展尤为重要。本节主要从深度学习算法和强化学习算法两个方面介绍深度强化学习算法的发展历程以及发展现状。

1.2.1 深度学习算法的研究概述

人工神经网络（Artificial Neural Network）是人工智能领域的研究热点，它主要通过广泛互联的结构和有效分层的学习机制来模拟人脑中的分层结构和分层信息处理模式。生物神经元通过突触连接相互交流，突触连接的强度和方式在神经元学习的过程中不断发生变化，借以储存它们所学到的东西。类似地，神经网络模型也是由大量的用于模拟生物神经元信息处理机制的简单人工神经元广泛地互相连接而形成的复杂网络系统，它反映了人脑功能的许多基本特征，是一个高度复杂的非线性动力学系统，具有自主学习以及自主推断等智能行为。接下来，我们将从深度学习的发展历程、经典的深度神经网络、神经网络的理论研究以及深度学习面临的挑战四方面来详细介绍深度学习的发展过程以及研究现状。

深度学习的发展历程：20 世纪 40 年代，美国心理学家 W. S. McCulloch 和数学家皮兹（W. Pitts）[23]提出了 M－P 模型，它通过把神经元视为功能逻辑器件来实现算法，从此开创了神经网络模型的理论研究。1957 年，Rosenblatt[24]以 M－P 模型为基础，提出了第一代人工神经网络模型——感知器模型，该模型的结构非常符合神经生理学，且满足现代神经网络的基本原则。1984 年，Hinton 等明确提出隐单元的概念，并结合统计物理学中的概念和方法，提出了多层网络的学习算法——Boltzmann 机模型[25]。1986 年，Rumelhart 等提出了第二代神经网络——多层感知器模型[26]，并提出用经典的误差反向传播算法更新模型的权重，该算法解决了多层前向神经网络的学习问题，并证明了多层神经网络具有很强的学习能力，可用于解决许多实际问题。神经网络的层数直接决定了模型的表达能力，但研究员们发现随着网络层数的增加，模型会出现所谓的“梯度弥散现象”，这导致深层网络难以训练，性能还不如浅层网络，此时，关于神经网络的研究进入了瓶颈期。直到 2006 年，Hinton 等提出了无监督预训练的方法[27]，缓解了梯度消失的问题，使得深层神经网络可以训练，由此揭开了深度学习的浪潮，第三代神经网络开始兴起。

经典的深度神经网络：经典的深度神经网络模型包括深度卷积神经网络（Convolutional Neural Network，CNN）和循环神经网络（Recurrent Neural Network，RNN）。其中，对 CNN 的研究最为成功，并且构建了一系列经典的网络架构，如 LeNet、AlexNet、NIN、VGG、GoogLeNet、ResNet 以及

DenseNet 已被成功地应用到各个领域。LeNet 网络于 1998 年被 LeCun 等提出[28]，可视为神经网络的开山鼻祖，它主要由 2 个卷积层、2 个池化层和 3 个全连接层构成。2012 年，Hinton 等基于深度卷积网络提出 AlexNet[29]，在 ImageNet 数据集上以领先第二名约 10% 的分类精度拔得头筹，由此引发了人工智能的研究热潮。2013 年，Lin 等提出网络中的网络（Network In Network，NIN）[30]，它采用复杂结构的微神经网络代替传统卷积神经网络的卷积层。2014 年，Simonyan 带领的牛津大学研究团队提出了用于大规模图像识别任务的视觉几何群（Visual Geometry Group，VGG）网络[31]，其主要证明了通过增加网络的深度可以在一定程度上提高模型的性能。2014 年，Google 提出了 GoogLeNet[32]，在 ImageNet 数据集的分类与检测的任务上夺得第一名，其核心思想是 Inception 模块，也就是通过 1 × 1、3 × 3 、5 ×5 卷积滤波器同时提取图像的不同尺度信息，最后再进行融合以得到图像更好的表征。2015 年，残差网络（Residual Network，ResNet）被提出[2]，其核心思想是在网络中采用跳跃连接（Skip Connection）来缓解深度网络中存在的梯度消失问题，使得可以成功训练出 152 层的神经网络。2017 年，稠密连接网络（Dense Network，DenseNet）被提出[33]，它将每一层特征的输出都直连到后面所有特征的输入，这样做不仅缓解了梯度消失，且降低了参数量。除此之外，还有一个经典的神经网络——胶囊网络（Capsule Network，CapsNet）[34]，它主要利用胶囊结构来代替传统的神经元，对有价值的空间信息和物体存在概率进行编码，可解决传统的神经网络无法学习特征间相对位置关系这一问题。此外，RNN 模型常用于处理序列数据问题，代表性工作有：长短期记忆（Long Short - Term Memory，LSTM）[35]和门限循环单元（Gated Recurrent Unit，GRU）[36]。

深度学习中的优化算法：随着深度神经网络算法的发展，相应的优化算法也得到了进一步发展，但几乎所有的深度学习模型的优化算法都基于随机梯度下降（Stochastic Gradient Descent，SGD）算法[37]来实现。最朴素的梯度下降算法是通过所有的训练数据来计算参数的梯度，但当训练集规模较大时会出现训练速度慢、耗时长等问题。而 SGD 算法在每一步的训练过程中随机地从训练集中抽取一个小批量（Minibatch）样本来训练算法并更新模型参数，其具体步骤如算法 1－1 所示。其中，学习率 η 是 SGD 算法中的一个关键参数，在实际训练过程中，常根据训练阶段逐渐降低学习率来提升训练性能。此外，还有几种常用的自适应调节学习率的算法，包括 AdaGrad（Adaptive Gradient）算法[38]、RMSProp（Root Mean Square Propagation）算法[39]、Adam（Adaptive Moment）算法[40]以及 RAdam（Rectified Adam）算法[41]等。

Input: 数据 X 和相应的目标 Y；学习率 η；初始参数值 θ_0
Output: 模型参数 θ
while 停止准则不满足 **do**
　　从 X 中随机选取一个大小为 m 的小批量样本 $\{x_1, \cdots, x_m\}$，其中 x_i 相应的目标为 y_i
　　计算梯度估计：$\frac{1}{m}\nabla_\theta \sum_{i=1}^{m} \mathcal{L}(f(x_i;\theta), y_i)$
　　更新模型参数：$\theta \leftarrow \theta - \eta \frac{1}{m}\nabla_\theta \sum_{i=1}^{m} \mathcal{L}(f(x_i;\theta), y_i)$
end

算法 1－1　随机梯度下降算法

正则化算法：深度神经网络通常包含百万甚至上亿的参数，这一数量远多于训练数据集的大小，因此易出现过拟合问题，即在训练集上表现很好，而在验证集上表现很差。因此，许多正则化算法被提出用于解决这一问题。最常用的算法包括早停法（Early Stopping）[42]、L_1－正则化[43]、L_2－正则化[44]、Dropout[45]、批标准化（Batch Normalization，BN）[46]及层标准化（Layer Normalization，LN）[47]等。早停法，一种最朴素的防止过拟合的算法，顾名思义，就是指当模型在验证集上的表现开始下降时，停止训练模型来避免继续训练导致过拟合的问题。L_1－正则化和 L_2－正则化都是通过在原目标函数中引入权重的稀疏约束来限制模型的学习能力。Dropout 算法是指在深度学习的训练过程中，按照一定的概率随机丢弃一些神经元，以减少神经元之间的相互作用，可在一定程度上减小过拟合，提高模型的泛化能力。BN 算法是指在小批量样本上对网络每一个隐层的输入进行归一化处理，进而使得每个隐层输入数据的分布相对稳定并能加速模型学习。BN 算法需要计算每一个小批量数据的均值和方差，但实际使用时数据的个数不能太少，因此无法有效用于在线学习、强化学习以及 RNN 中。为解决这一问题，权重标准化（Weight Normalization，WN）[48]、层标准化（Layer Normalization，LN）等算法被提出。这些正则化算法的提出有助于提高深度神经网络的泛化性能，以更好地用于解决实际问题。

深度神经网络的理论研究：在过去的十几年里，深度神经网络已被成功应用在计算机视觉、自然语言处理、机器人控制等众多领域，并取得了显著的成就。深度学习的基本思想是通过多层的网络结构和非线性变换来组合低层特征，形成抽象的、易于区分的高层表示，进而发现数据的分布式特征表示。但到目前为止，很多深度学习算法仍是一个黑箱系统，对起关键作用的网络结构以及技巧仍缺乏严谨的理论解释，特别是在深度学习算法用于金融交易、医学诊断等领域时，还存在很多潜在的问题。因此，有不少学者开始从理论物理、信息论等角度来分析神经网络的工作原理。2014 年，Mehta 等提出深度学习和物理学中的重整化群理论密切相关，重整化群是指在不同长度的标度下考察物理系统的变化，并指出变分重整化群和受限玻尔兹曼机之间存在精确的映射关系，进而基于一维和二维的伊辛（Ising）模型来说明这些想法，即深度学习可能采用与重整化群相类似的技术来从数据中提取特征[49]。2015 年，Tishby 等基于信息瓶颈原理分析了深度神经网络，提出神经网络的逐层表示可以视为一个输入数据连续表示的马尔科夫链，其目标函数可看作一个率失真函数，也就是在给定失真的情况下，最小化输入数据与隐层表示之间的互信息；此外，模型的最优架构、层数以及每一层的特征都与信息瓶颈折中的分叉点相关，即输入层相对于输出层的相关压缩[50]。2017 年，Schwartz - Ziv 等基于信息瓶颈理论对深度神经网络的逐层表示进行了分析，指出模型的大部分训练期都用于输入的压缩上，而不是拟合训练标签上；并且隐含层的增加可显著地降低模型的训练时间，其主要优点是强大的计算能力[51]。2019 年，Saxe 等提出隐层的表示压缩了与任务无关的信息，并且在训练的过程中压缩和拟合同时发生，而不是在后续压缩期间发生[52]。但到目前为止，有关深度学习工作机制的研究还不够深入，应进一步研究神经网络的工作原理，这不仅有助于更好地改进算法，提升模型的性能，同时可以使得神经网络模型应用到更多的场景中。

本书领域存在的问题：

第一，如何设计合适的网络结构。深度神经网络的结构对算法的性能有显著的影响，特别是隐层单元的个数、卷积核的大小、层数等，但到目前为止，大部分的神经网络结构都是研究者基于丰富的经验以及背景知识人为设计的，这种方式是十分低效的。神经架构搜索（Neural Architecture Search，NAS）采用强化学习算法来训练 RNN 控制器，自动寻找并设计网络结构，其性能优于很多人工设计的模型。在神经网络结构搜索方面，NAS 算法需要消耗大量的计算资源，因此，如何降低计算的复杂度并提高搜索速度仍是未来 NAS 的研究方向。

第二，如何提高算法的稳健性。研究发现，通过人为地添加一些人类无法察觉的细微干扰到原始的数据集中，即对抗样本（Adversarial Examples），将会导致模型以高置信度给出一个错误的输出。人类观察者并不会察觉原始样本和对抗样本之间的差异，但是神经网络会给出非常不同的预测，这一问题被看作训练算法的盲点。对抗训练（Adversarial Training），即在对抗扰动的训练集样本上训练模型，可使神经网络适应这种改变，从而使得模型对对抗样本具有鲁棒性，因此对抗训练被视为提高神经网络鲁棒性的重要方式。

第三，如何合适地解释深度学习的工作原理。到目前为止，深度学习算法已被成功用于很多领域，并取得了巨大的成功。虽然已有学者从信息论、理论物理学等角度对神经网络的工作原理进行了初步的解释，但距离充分了解神经网络的工作机制还有很远的距离，特别是关于 CNN、LSTM 网络的工作机制以及网络中常用的一些技巧仍是未知的，这将会使得深度学习很难被用于医学诊断、金融交易等领域。因此，关于深度学习工作原理的研究对深度学习的发展尤为重要。

1.2.2 深度强化学习算法的研究概述

强化学习算法起源于心理学中的行为主义，其基本思想是通过“交互—试错”的学习机制来最大化智能体从环境中得到的累积奖赏值，进而学习实现目标的最优策略。随着深度学习算法的不断发展与完善，将深度学习算法用于强化学习来提取大规模输入数据的抽象表征，并基于该表征构建自我激励的强化学习算法用以寻找最优策略，这样的算法被称为深度强化学习（Deep Reinforcement Learning）算法。该算法已被广泛应用于工业制造、仿真模拟、优化与调度、游戏博弈等领域，其在一些领域的表现已经接近甚至超过了人类的水平，已成为人工智能领域新的研究热点。

深度强化学习算法的发展历程：早在 1954 年，Minsky 就提出了“强化”和“强化学习”的概念和术语；1957 年，Bellman 提出了求解最优控制问题的方法，且引入了最优控制问题的离散随机版本——马尔科夫决策过程（Markov Decision Process）[53]。1960 年，Ronald Howard 设计了马尔科夫决策过程的策略迭代方法[54]。这些都是构成现代强化学习理论和算法的基本要素。1989 年，Chris Watkins 提出了 Q 学习（Q – Learning）算法，将时序差分和最优控制线完全结合在一起[55]，这进一步拓展了强化学习的应用，且完备了强化学习。但此后的一段时间，由于监督学习的发展，研究者将关注点主要放在监督学习上，强化学习算法的研究逐渐被忽视。2013 年，DeepMind 发表了用强化学习玩 Atari 游戏的论文[56]，使得强化学习再一次受到关注。2016 年，AlphaGo 在围棋比赛中战胜了顶级职业选手李世石，它主要采用了深度神经网络、蒙特卡洛树搜索等算法，将监督学习和强化学习的优势相结合[3]，这使得深度强化学习算法开始受到广泛的关注。但该算法目前还不够成熟，应用场景也比较局限，最大的应用场景就是游戏，如围棋、星际争霸、Dota 等。除此之外，其也在自动驾驶、广告推荐、量化交易等领域有不少应用。

根据策略更新方式的不同，深度强化学习算法可以分为两大类：基于值函数的深度强化学习算法和基于策略梯度的深度强化学习算法。接下来，我们将从这两个方面出发，介绍深度强化学习算法的发展历程。

基于值函数的深度强化学习算法：基于值函数的深度强化学习算法主要通过迭代更新值函数来寻找智能体的最优策略。随着深度学习和强化学习算法的共同发展，Q 学习算法获得了很大的突破。其中，由 Minh 等于 2013 年提出的深度 Q 网络（Deep Q - network，DQN）是最具代表性的算法，该算法主要采用一个神经网络来学习行动价值模型[56]。紧接着，其 2015 年得到完善[57]，自此以后，深度强化学习算法获得了广泛的关注，基于 DQN 算法的各种改进版本开始出现。深度双 Q 网络（Deep Double Q - Network）算法于 2016 年被 Hasselt 等提出，该算法主要采用两个结构相同的神经网络将价值函数估计和智能体的动作选择进行分离，可有效减轻动作值函数的过高估计问题[58]。由于深度强化学习算法的训练是基于大量的样本交互数据进行训练的，但在实际问题中，很难产生这样的交互数据，这使得深度强化学习算法的使用受限。针对该问题，Hester 等提出了深度示范 Q 学习（Deep Q - learning from Demonstration，DQfQ）算法，该算法采用少量的示范数据来加速学习过程，并且采用优先回放机制（Prioritized Replay Mechanism）来自动评估示范数据的重要性[59]。当学习任务中存在奖励稀疏且动作空间很大的问题时，原来的 DQN 算法难以学习，Lipton 等提出反向传播贝叶斯 Q 网络（Bayes - by - Backprop Q - network，BBQN）模型来解决这一问题，该算法采用汤普森采样（Thompson Sampling）进行探索，其中动作的选择是基于当前状态下最优的后验概率而得到的，Q 函数的学习基于一个贝叶斯神经网络，所提出的 BBQN 算法比传统的 DQN 算法的学习速度更快，性能更好[60]。

还有一些算法主要对神经网络的结构进行了改进。Wang 等针对无模型的深度强化学习算法提出一种新颖的神经网络结构——竞争网络结构（Dueling Network Architecture），它主要将卷积层所提取的特征分为状态值函数和动作优势函数两部分，再将这两部分相结合得到 Q 值函数，使得优化过程的稳定性得以提高[61]。基于此，Raghu 等将 DDQN 算法与竞争网络结构相结合，提出了竞争双深度 Q 网络（Dueling Double Deep Q - Network，Dueling - DDQN）算法[62]。在实际应用中，复杂任务的状态信息不完整且噪声大使得模型难以训练，针对该问题，Hauskenecht 等首次将长短期记忆网络与 DQN 算法相结合，提出了深度循环 Q 网络（Deep Recurrent Q – Network，DRQN）算法[63]。进一步地，Zhu 等在 DRQN 算法的基础上，提出特定动作深度循环 Q 网络（Action – Specific Deep Recurrent Q – Network，ADRQN）算法，该算法将过去的动作和相应的观测一起输入模型中，可使智能体更好地进行决策[64]。Nair 等首次将分布式结构 Gorila 与 DQN 算法相结合，提出 Gorila DQN 算法[65]，这使得深度强化学习算法可被部署到大规模的计算设备上。此外，还有一些其他的基于 DQN 的改进算法，如稀疏深度 Q 学习（Sparse Deep Q – Learning）算法[66]、深度强化对手网络（Deep Reinforcement Opponent Network，DRON）[67]、计划滞后深度 Q 网络（Scheduled Hysteretic – DQN，SHDQN）[68]等。

基于策略梯度的深度强化学习算法：基于策略梯度的深度强化学习算法直接采用函数近似的方法建立策略网络，并通过策略网络选取动作得到奖励值，再沿梯度方向对策略网络参数进行优化。特别地，在算法应用场景上，基于值函数的深度强化学习算法只能被用于处理离散动作的情况，而基于策略梯度的深度强化学习算法可被用于学习连续动作的任务。最具代表性的算法包括深度确定性策略梯度（Deep Deterministic Policy Gradient，DDPG）算法[69]、置信区域策略优化（Trust Region Policy Optimization，TRPO）算法[70]以及演员—评论家（Actor – Critic，AC）算法[71]等。DDPG 算法于 2015 年被 Lillicrap 等提出[69]，该算法将策略梯度（Deterministic Policy Gradient，DPG）算法[72]与 AC 算法相结合，提出了一个与任务无关的模型。类似于 DQfQ 算法，在高维连续控制问题中智能体需要在每个状态下得到一个平滑可变的奖励，Vecerik 等提出在回放缓冲区（Replay Buffer）中添加示范转移数据来指导智能体进行学习，称为示范 DDPG（DDPG from Demonstrations，DDPGfD）算法[73]。另外，为确保策略在优化时单调提升，Schulman 等提出了 TRPO 算法[70]，该算法采用 KL 散度来衡量策略之间的差距，使得新旧策略之间的差距永远为正，以保证策略模型单调非递减的更新。但由于 TRPO 算法采用共轭梯度算法求解更新模型，其计算速度远低于其他策略梯度算法，Schulman 等进一步提出近似策略优化（Proximal Policy Optimization，PPO）算法，该算法将目标函数进行变换，并采用常见的梯度下降法来求解，使得求解效率大大提升[74]。

在机器学习中，如何平衡方差与偏差是一个关键问题。由于策略梯度模型的方差较大，我们采用牺牲一定的偏差方法来降低方差。最经典的一个方法就是演员—评论家（Actor - Critic，AC）算法，该算法主要采用一个独立的模型估计轨迹的长期回报来代替真实回报。AC 算法可分成两部分：演员（Actor）和评论家（Critic），演员代表策略模型，评论家代表价值模型。第一个真正将 AC 算法应用到实际中的模型是异步优势演员—评论家（Asynchronous Advantage Actor - Critic，A3C）算法[75]，该算法同时启动 N 个线程，智能体在这 N 个线程中同时与环境进行交互，独立完成训练得到参数更新值，再异步地更新到全局的模型参数中；下一次训练时，线程参数将与全局参数完成同步，再使用新的参数进行下一轮的训练。不同于 A3C 算法，在同步优势演员—评论家（Advantage Actor - Critic，A2C）算法中，智能体会在 N 个线程训练结束后统一对模型的参数进行更新，实验结果表明 A2C 算法的性能优于 A3C 算法。此外，Clemente 等[76]提出了一种并行框架——并行优势演员—评论家（Parallel Advantage Actor - Critic，PAAC）算法，可以更快地完成训练任务。除此之外，无监督强化和辅助学习（Unsupervised Reinforcement and Auxiliary Learning，UNREAL）[77]、协作深度强化学习（Collaborative Deep Reinforcement Learning，CDRL）[78]等算法分别从不同的角度对 AC 算法进行了改进，极大地提高了深度强化学习算法的性能，促进了深度强化学习算法的发展。

本书相关领域存在的问题：

第一，如何设计合理的奖励函数。在任何强化学习算法中，奖励函数都是将模型的动机与目标相连接的桥梁，因此奖励函数设计的好坏决定了算法的稳健性。但在实际问题中，想要设计出与真实任务相匹配的目标函数是十分困难的，因而导致智能体无法学习该任务。有一些研究者通过试错法（Trial - and - Error）来寻找最优奖励函数，这显然是低效的。因此，如何高效地建立合理的目标函数是一个非常关键的问题。

第二，如何处理复杂任务中稀疏的奖励信号。稀疏奖励问题是指智能体在学习的过程中难以获得足够、有效的奖励，导致算法难以训练甚至无法训练的情况。典型的情况是智能体必须要在完成目标任务时或者足够接近目标任务时才会获得一个奖励信号，但对于需要多个步骤才能实现的任务来说，缺少中间的奖励使得智能体很难意识到中间步骤的重要性，这会导致智能体很难学会该任务。常用的解决方案是奖励塑形（Reward Shaping）[79]，即利用额外的奖励特征来增强环境的主要奖励，以弥补原来环境中奖励稀疏的问题。此外，课程学习（Curriculum Learning）[80]、辅助任务（Auxiliary Tasks）[77]等算法都被提出用于解决此类问题。但由于每种算法都具有一定的局限性，且并不存在一种算法适用于所有的环境，如何设计一种算法来有效地解决奖励稀疏的问题对于强化学习的发展十分重要。

第三，如何平衡探索与利用的问题。探索与利用的平衡实际上是强化学习算法中的一个经典问题。探索（Exploration）指的是智能体尽可能地去尝试所有的状态—动作对，以获得全面的知识，保证找到最优策略，但过度的探索会带来冗余的信息，且影响学习速度；利用（Exploitation）指的是智能体根据已学的知识选择最优策略，而不会去尝试未知的行动，但过度地利用会使得智能体易于满足当前的行动，进而陷入局部最优解。因此，如何合理地平衡好探索与利用的关系对于强化学习算法尤为重要。

1.3 研究内容及创新

深度强化学习算法自提出以来，已在理论和应用方面取得了显著的成果，但该算法目前仍处于发展阶段，还面临许多尚未解决的难题。为进一步提高深度强化学习算法的训练效率和性能，本书首先从信息论的角度分析了深度学习中正则项算法的工作原理，这有助于我们更好地提升深度学习算法的性能；其次围绕深度强化学习算法在实际应用中遇到的三个问题展开研究，提出改进模型及算法，并取得了良好的实验效果。具体的研究工作及创新之处如下：

（1）人工神经网络模拟了大脑感知系统的工作方式，但过拟合现象是人工神经网络中的常见问题，许多正则项算法被提出用于解决这一问题。我们从信息论的角度对神经网络的工作原理进行分析。首先，基于信息瓶颈理论对深度神经网络的目标函数进行分析，将其表示为隐层的信息熵和条件熵之和的形式；其次，对比了带有正则项的神经网络的目标函数，可看出两者之间存在一一对应关系。基于此对应关系，我们提出了 AEntry 度量指标，用于度量带有不同正则项模型的隐层编码长度。我们对比了几种带有不同正则项模型的 AEntry 值，基于实验结果和感知系统中的冗余性编码理论，得知正则项是通过改变神经网络的编码方式，并合理地利用编码的冗余性来提高模型性能的。

（2）针对已有的深度强化学习算法在学习时间序列的任务时，存在单一的深度网络模块无法感知环境中的所有相关信息这一问题，提出多模块并行的深度强化学习算法。该算法主要通过全连接（Fully Connected，FC）模块和长短期记忆（Long Short - Term Memory，LSTM）模块来从环境中同时提取有效特征，它可将二者的优势相结合。其中，FC 模块被用于提取当前时刻的特征，LSTM 模块被用于提取长期趋势特征。这种并行的特征编码方式可使智能体有效地识别当前的市场状态。我们在单资产交易任务上进行了大量的实验，实验结果表明我们所提出的算法远优于目前已有的深度强化学习算法。

（3）上述所提出的算法虽然在单资产交易上取得了良好的结果，但深度强化学习算法在用于学习投资组合管理任务上仍面临巨大挑战。于是我们提出趋势一致的多智能体深度强化学习算法。这里我们构建了一个趋势一致因子用于判别多个时间序列的趋势一致性；基于此，我们引入趋势一致正则项到目标函数中，用于指导智能体学习不同趋势状态下的任务。该算法包含两个智能体，分别用于学习不同趋势状态下的投资组合策略。A 股市场上的实验结果充分说明了此算法的优越性。

（4）传统的深度强化学习算法在学习复杂多步骤任务时，存在奖励稀疏、奖励函数难以设计等问题，针对这些问题，我们提出了多环境并行的深度强化学习（PMES）算法。这里，我们构建了几个辅助环境，分别对应于多步骤任务中的每一个子步骤，并将这些辅助环境和原始环境相结合，同时用于训练智能体。这几个辅助环境的引入可使智能体意识到中间步骤的重要性，且智能体可根据训练阶段自适应地对奖励函数进行调节。在经典的强化学习训练场景——星际争霸的子游戏“造兵”任务上的实验结果充分说明了我们所提出的 PMES 算法的优越性，远超于目前已有的算法，且已经达到人类职业玩家的水平。

1.4 本书的组织结构

基于上述研究内容及创新之处，本书其余章节的组织安排如下：

第 2 章是深度强化学习算法相关的理论基础，主要介绍了与本文工作相关的几种深度强化学习算法及优化算法，以帮助读者深入了解深度强化学习算法的工作原理及工作机制，为后续工作做铺垫。

第 3 章是基于信息瓶颈理解正则化算法的工作原理。针对神经网络的黑箱问题，从信息论和大脑感知系统理论的角度，创新性地给出神经网络中正则项工作原理的合理解释，并指出正则项的引入会改变神经网络中隐层的编码方式，即适当地采用冗余的编码可提高模型的性能。

第 4 章是多模块并行的单资产交易深度强化学习算法。本章针对量化投资领域的单资产交易问题，通过构建一个多模块并行的特征感知机制，来有效地提取环境中的所有相关信息，并将其与深度强化学习算法相结合，提出了多模块并行的深度强化学习算法。

第 5 章是趋势一致的多智能体投资组合强化学习算法。本章针对量化投资领域的投资组合管理问题，通过构建趋势一致因子来判别多时间序列趋势的一致性，并引入趋势一致正则项到奖励函数中，提出了一种基于趋势一致的多智能体深度强化学习算法。

第 6 章是针对复杂多步骤任务的多环境并行的深度强化学习算法。本章针对复杂多步骤任务中由于奖励函数稀疏导致智能体难以训练和学习的问题，我们通过引入辅助环境来帮助智能体进行学习，使得智能体意识到中间步骤的重要性，以此提出了一种多环境并行的深度强化学习算法。

第 7 章是深度强化学习在工业智能运维中的运用。本章主要对目前深度强化学习算法在工业运维中的研究进展进行了介绍，并讨论了未来可能的研究方向及应用前景。

第 8 章是总结与展望。对本文已完成的工作进行了总结，并对接下来的研究工作进行分析与展望。

2 深度强化学习算法概述

随着大数据的发展以及高性能计算设备的普及，机器学习在过去几十年里取得了巨大的成就。特别是谷歌 DeepMind 团队在围棋比赛中用 AlphaGo 大胜人类顶级职业选手[3]，成为人工智能历史上的一个新的里程碑，深度强化学习算法成为机器学习和人工智能领域的一大研究热点，吸引了海内外大批科研人员的关注和兴趣。深度强化学习算法的兴起推动了无人驾驶、机器人控制、推荐系统、对话系统等多个领域的发展，并促进了与之相关联的软、硬件行业的发展。在本章中，我们主要介绍强化学习算法的原理以及与本书相关的几种强化学习算法。

2.1 强化学习算法的原理

可将强化学习算法[17]描述成一个马尔科夫决策过程（Markov Decision Process，MDP），主要由状态空间、动作空间以及奖励函数三部分构成。不同于监督学习算法，强化学习算法主要通过智能体与环境不断进行交互来寻找回报最大化的策略。该马尔科夫决策过程可表示为一个五元组形式 (S,A,P,R,γ)，具体含义如下：

· S 是所有有效状态的集合，即 $S=\{s_1,s_2,\cdots\}$，称为状态空间。

· A 是所有有效动作的集合，即 $A=\{a_1,a_2,\cdots\}$，称为动作空间。

· $P:S\times A\rightarrow P(S)$ 是状态转移概率，即智能体在状态 s_t 下，执行动作 a_t 并转移新的状态 s_{t+1} 的概率，记作 $P_{s_t,a_t}(s_{t+1})$。

· $R:S\times A\times S\rightarrow\mathbb{R}$ 是奖励函数，即智能体在状态 s_t 下，执行动作 a_t 后依

概率 $P_{s_t,a_t}(s_{t+1})$ 转移到新的状态 s_{t+1}，同时得到的奖励 $r_t = R(s_t, a_t, s_{t+1})$。

· γ：表示折扣因子，$\gamma \in [0,1]$，γ 越靠近 1，说明越重视未来奖励。

强化学习中还存在以下几个重要的定义：

定义 2.1（策略函数）：智能体用于决定下一步执行什么动作的规则，分为确定性策略和随机性策略。确定性策略可以表示为：

$$a_t = \mu_\theta(s_t)$$

随机性策略表示为：

$$a_t \sim \pi_\theta(\cdot | s_t)$$

其中，θ 为策略模型的参数。

定义 2.2（运动轨迹）：运动轨迹 τ 是指状态和行动的交互序列，即：

$$\tau = \{s_0, a_0, s_1, a_1, s_2, a_2, \cdots\}$$

也称为**回合**（episodes），如图 2－1 所示。其中，状态 s_0 是从初始状态分布中随机采样的，可表示为 $s_0 \sim \rho_0(\cdot)$。

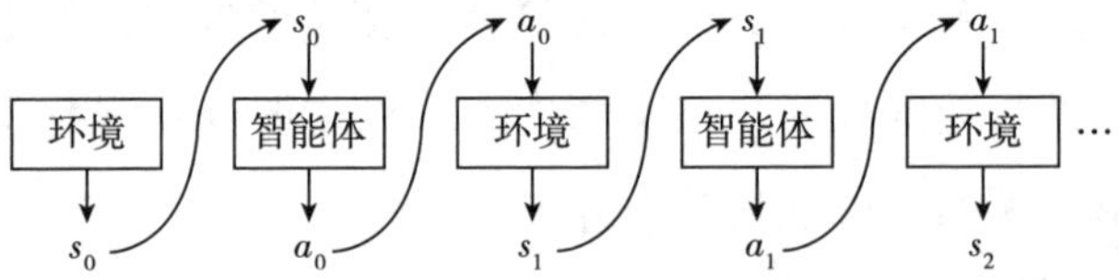

图 2－1　运动轨迹

定义 2.3（长期回报）：在给定策略 π_θ 的前提下，从 t 时刻之后交互得到的长期累积回报为：

$$R_t = r_{t+1} + \gamma r_{t+2} + \gamma^2 r_{t+3} + \cdots = \sum_{k=0}^{\infty} \gamma^k r_{t+k+1} \tag{2-1}$$

折扣因子 γ 的引入是为了降低未来回报对当期的影响，使得长期回报更有意义。

图 2－2 详细地描述了马尔科夫决策过程的状态价值转移过程。其中，s^0 表示 $t = 0$ 时刻的状态，a_0^0 表示智能体在 $t = 0$ 时刻可选择的 0 号动作，$\pi(a_0^0 | s^0)$ 表示智能体在状态 s^0 下执行动作 a_0^0 的概率；$s_1^{0,2}$ 表示智能体在 $t = 1$ 时刻执行动作 a_0^0 后转移到第 2 个状态，$p(s_1^{0,1} | s^0, a_0^0)$ 表示智能体在状

态 s_0 下执行行动作 a_0^0 后转移到状态 $s_1^{0,1}$ 的概率。此外，依据马尔科夫决策过程的模型形式，价值函数可以分为两种类型：状态值函数和状态—行动值函数。

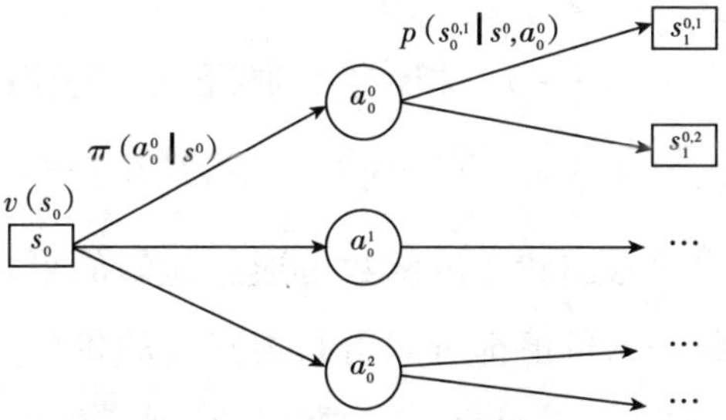

图 2 –2　马尔科夫决策过程的状态价值转移过程

定义 2.4（状态值函数）：智能体在状态 s 时，按照策略 π 采取动作可产生的长期回报期望为：

$$v_\pi(s) = E_\pi[R_t | s_t = s] = E_\pi[\sum_{k=0}^{\infty} \gamma^k r_{t+k+1} | s_t = s] \quad (2-2)$$

定义 2.5（状态—行动值函数）：在已知当前状态 s 和行动 a 时，根据策略 π 行动产生的长期回报期望为：

$$q_\pi(s,a) = E_\pi[R_t | s_t = s, a_t = a] = E_\pi[\sum_{k=0}^{\infty} \gamma^k r_{t+k+1} | s_t = s, a_t = a] \quad (2-3)$$

接下来，我们基于某条运动轨迹 τ 来计算相应的状态值函数，可得：

$$\begin{aligned}
v_\pi(s_t) &= \sum_{(s_t,a_t,\cdots)\sim\tau} \pi(a_t | s_t) p(s_{t+1} | s_t, a_t) \cdots \sum_{k=0}^{\infty} \gamma^k r_{t+k+1} \\
&= \sum_{a_t} \pi(a_t | s_t) \sum_{s_{t+1}} p(s_{t+1} | s_t, a_t) \sum_{(s_{t+1},a_{t+1},\cdots)\sim\tau'} \pi(a_{t+1} | s_{t+1}) \cdots \sum_{k=0}^{\infty} \gamma^k r_{t+k+1} \\
&= \sum_{a_t} \pi(a_t | s_t) \sum_{s_{t+1}} p(s_{t+1} | s_t, a_t) \sum_{(s_{t+1},a_{t+1},\cdots)\sim\tau'} \pi(a_{t+1} | s_{t+1}) \cdots [r_{t+1} + \sum_{k=1}^{\infty} \gamma^k r_{t+k+1}] \\
&= \sum_{a_t} \pi(a_t | s_t) \sum_{s_{t+1}} p(s_{t+1} | s_t, a_t) [r_{t+1} + \sum_{(s_{t+1},a_{t+1},\cdots)\sim\tau'} \pi(a_{t+1} | s_{t+1}) \cdots \sum_{k=1}^{\infty} \gamma^k r_{t+k+1}]
\end{aligned} \quad (2-4)$$

类似地，可得下一时刻的状态值为：

$$v_{\pi}(s_{t+1}) = \sum_{(s_{t+1},a_{t+1},\cdots)\sim\tau'} \pi(a_{t+1} \mid s_{t+1}) p(s_{t+2} \mid s_{t+1},a_{t+1}) \cdots \sum_{k=1}^{\infty} \gamma^{k-1} r_{t+k+1} \tag{2-5}$$

将式（2-4）与式（2-5）相结合，再经过一些变换，可得：

$$v_{\pi}(s_t) = \sum_{a_t} \pi(a_t \mid s_t) \sum_{s_{t+1}} p(s_{t+1} \mid s_t,a_t)[r_{t+1} + \gamma v_{\pi}(s_{t+1})] \tag{2-6}$$

基于以上计算，可看出状态值函数可通过递归的形式来表示。若值函数稳定，任意一个状态的价值都可以由其他状态的价值得到，这个公式被称为贝尔曼公式（Bellman Equation）。类似地，状态—行动值函数也存在一个类似的公式，即：

$$q_{\pi}(s_t,a_t) = \sum_{s_{t+1}} p(s_{t+1} \mid s_t,a_t)[r_{t+1} + \gamma q_{\pi}(s_{t+1},a_{t+1})] \tag{2-7}$$

式（2-6）和式（2-7）为整个强化学习理论的基石。

基于以上分析，可看出强化学习的目标就是寻找最优的策略，使得每一个状态的价值达到最大[81]，即：

$$\pi^* = \operatorname{argmax}_{\pi} v_{\pi}(s), \forall s \tag{2-8}$$

而对于状态—行动值函数，我们希望找到使其价值最大的动作：

$$a^* = \operatorname{argmax}_{a} q_{\pi}^*(s,a) \tag{2-9}$$

这里，通常采用策略迭代法、价值迭代法和广义策略迭代法这三种算法来求解该问题。

2.2 最优价值算法

在这一部分，我们将介绍最优价值算法，它通过交互序列信息来学习价值模型，并通过价值模型来更新策略。接下来，我们将介绍最经典的 Q 学习算法，此外，随着深度学习的发展，深度 Q 网络及其改进算法依次被提出，这些算法进一步提高了模型的能力，甚至在一些领域达到行业专家的水平。

2.2.1　Q 学习算法

在大多数实际问题中，状态转移概率 $p(s_{t+1} \mid s_t, a_t)$ 是未知的，这通常被称为无模型问题（Model – Free Problem）。在这种状态转移概率未知的情况下，智能体无法对策略进行评估，也就是无法采用贝尔曼公式对值函数进行更新。因此，研究者提出了几种无模型强化学习算法用于解决该问题，其中最经典的算法包括 SARSA 算法[80~83]和 Q 学习算法[84]。

我们首先介绍**时序差分**（Temporal Difference，TD）法[17]，这是一种将蒙特卡洛法[86]和动态规划法相结合的方法。它不仅采用模拟交互序列的方式来求解，而且利用贝尔曼公式[87]进行迭代更新。上述的状态—行动值函数的贝尔曼公式为：

$$q_\pi(s,a) = \sum_{s'} p(s' \mid s,a)\left[r(s') + \sum_{a'} \pi(a' \mid s')q(s',a')\right] \tag{2-10}$$

我们采用蒙特卡洛算法对该式进行估计，假设我们通过采样得到大量的状态—行动样本序列：

$$\{s_t, a_t, s_{t+1}^i, a_{t+1}^i, s_{t+2}^i, a_{t+2}^i, \cdots\}_{i=1}^N$$

相应的回报序列为 $\{r_t, r_{t+1}^i, r_{t+2}^i, \cdots\}_{i=1}^N$。因此，上述的状态—行动值函数可写为：

$$q(s,a) = E_{(s,a)\sim\pi,p}[r(s') + q(s',a')] \approx \frac{1}{N}\sum_{i=1}^N [r(s'_i) + q(s'_i,a'_i)] \tag{2-11}$$

TD 法与蒙特卡洛法不同的是，蒙特卡洛法在估计价值时使用了完整序列的长期回报，而 TD 法使用了当前回报和下一时刻的价值估计，即：

$$q_t(s,a) = q_{t-1}(s,a) + \frac{1}{N}[r(s') + q(s',a') - q_{t-1}(s,a)] \tag{2-12}$$

它主要利用下一时刻的价值来更新前一时刻的价值，更倾向于认为下一时刻的回报和价值更有效，因此采用它进行迭代更新，这与动态规划的思想相类似。

SARSA **算法**是一种在线（On – Policy）的 TD 算法，SARSA 是指学习过

程中的状态动作交互五元组 (s,a,r',s',a')，分别代表当前时刻的状态（State）、当前时刻的行动（Action）、相应的奖励（Reward）、下一个时刻的状态（State）以及动作（Action）。SARSA 算法学习到的策略是随机策略，更新公式同式（2－8）。

Q **学习算法**是一种离线（Off－Policy）的 TD 算法，与 SARSA 算法的主要区别在于 SARSA 算法遵从交互序列，根据下一步的真实行动进行价值估计，而 Q 学习算法在下一时刻选择了价值最大的行动，其更新公式为：

$$q_t(s,a) = q_{t-1}(s,a) + \frac{1}{N}[r(s') + \max_{a'} q(s',a') - q_{t-1}(s,a)] \tag{2-13}$$

这个差异使得两种算法产生的效果不同。Q 学习算法的具体步骤如算法 2－1 所示。

Input: 状态空间 $\mathcal{S}$，动作空间 $\mathcal{A}$，折扣因子 γ，学习速率 α

Output: 最优策略 π^*

随机初始化状态 s_t；

while $q(s,a)$ 不收敛时 **do**

  在状态 s_t 通过 $\epsilon-greedy$ 策略选择动作 a_t；

  执行动作 a_t，观察状态 s_{t+1} 和奖励函数 r_t；

  根据 $q(s_t,a_t) \leftarrow q(s_t,a_t) + \alpha[r_t + \gamma \max_a q(s_{t+1},a) - q(s_t,a_t)]$ 更新状态值函数；

  更新状态 $s_t \leftarrow s_{t+1}$；

end

最优策略 $\pi^* = \mathrm{argmax}_a\, q(s,a)$

算法 2－1　Q 学习算法

2.2.2　深度 Q 网络

在上一部分我们介绍了 Q 学习算法，本部分主要介绍将深度学习与强化学习相结合的模型——**深度 Q 网络**（Deep Q Network，DQN）[57]。对于许多状态空间很大的任务，直接估计离散的状态—动作值函数是非常困难的。因此，我们常用一个带参数的神经网络 $Q(s,a;\theta)$ 来近似所要估计的状态—动作值函数。但在实际应用中，由于 Q 网络通常是不稳定的或者离散的，DeepMind 提出了 DQN 算法，其结构如图 2－3 所示。其中，网络的输入为当前状态，而输出是每个动作对应的 Q 值。该算法主要有两个创新点：

（1）采用了样本回放缓存区（Replay Buffer）这个数据结构来保存交互的样本信息，每个样本都会保存当前的状态 s 、行动 a 、下一步的状态 s' 以及长期累积回报 r 。通常情况下，样本回放缓存区的大小通常会设置得比较大，以保存更长时间内的样本。在训练值函数时，可以从中随机选择一组样本来训练模型。

总的来说，样本回放缓存区主要包含了两个过程：收集样本和采样样本。收集到的样本按照时间先后顺序存入此结构中。如果缓存区中的样本个数达到上限，那么将会舍弃最早的样本，保存新的样本。采集样本时，会从缓存区中随机均匀地选取一批样本进行学习。均匀采样可以使得每次的训练样本来自多次交互序列，进而使得单一序列的波动减轻很多，训练效果也会更加稳定。

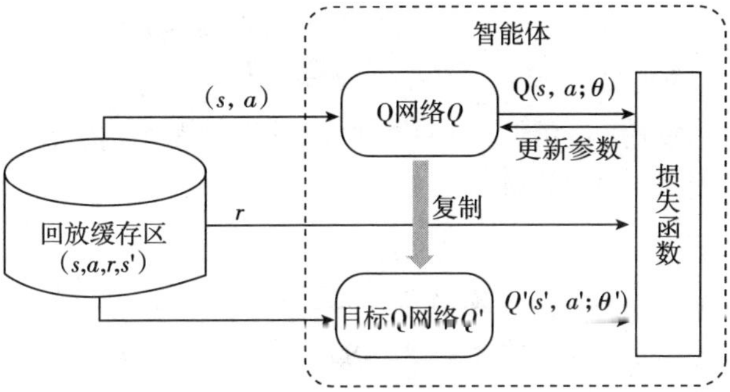

图 2-3 DQN 算法

（2）引入了目标 Q 网络（Target Q Network）以缓解模型训练不稳定的问题，该网络的结构与原本的 Q 网络模型完全一致。这两个网络的训练过程如下所示。

· 在训练开始时，Q 网络和目标 Q 网络采用完全相同的结构以及参数；

· 在训练过程中，Q 网络持续地与环境进行交互，得到交互样本；

· 在学习过程中，基于目标 Q 网络来计算目标价值，然后用它和 Q 网络的估计值进行比较，得到目标值并更新 Q 网络；

· 每隔固定的步数更新一次目标 Q 网络的参数，再进行下一阶段的学习。

DQN 算法的详细步骤如算法 2－2 所示。

Input: 状态空间 $\mathcal{S}$，动作空间 $\mathcal{A}$，折扣因子 γ，学习速率 α

Output: 最优策略 π^*

初始容量为 N 的 Replay Buffer D；

初始 Q 网络 Q_θ 和目标 Q 网络 $Q'_{\theta'}$，其中，θ 和 θ' 为模型的参数；

for $episode = 1, 2, \cdots, M$ **do**

  for $t = 1, ..., T$ **do**

    以概率 ϵ 随机选择一个动作 a_t，或根据模型选择一个最优动作 $a_t = \text{argmax}_a Q(s_t, a; \theta)$；

    执行动作 a_t 转移到下一个状态 s_{t+1}，并得到奖励 r_t；

    将 (s_t, a_t, r_t, s_{t+1}) 存储到 D 中；

    从 D 中随机选择一批样本 $\{(s_t, a_t, r_t, s_{t+1})_i\}_{i=1}^n$；

    计算

$$y_j = \begin{cases} r_j, & \text{若 episode 在 } j+1 \text{ 步终止} \\ r_j + \gamma \max_a Q'(s_{j+1}, a; \theta'), & \text{其他} \end{cases},$$

    对目标函数 $(y_j - Q(s_j, a_j; \theta))^2$ 关于参数 θ 执行梯度下降法；

    每隔 C 轮完成梯度更新 $\theta' \leftarrow \theta$；

  end

end

算法 2－2　DQN 算法

双深度 Q 网络（Double Deep Q－network，DDQN）算法[85]与 DQN 算法相类似，也有两个相同的 Q 网络结构。在原始 DQN 算法的基础上，通过解耦目标 Q 值动作的选择和目标 Q 值的计算这两步，来消除过度估计的问题。在 DQN 算法中，非终止状态下的目标 Q 值计算公式为：

$$y_j = r_j + \gamma \max_a Q'(s_{j+1}, a; \theta') \tag{2-14}$$

将公式进一步展开，可得：

$$y_j = r_j + \gamma Q'(s_{j+1}, \text{argmax}_a Q'(s_{j+1}, a; \theta'); \theta') \tag{2-15}$$

我们发现采用目标 Q 网络后，模型在选择最优行动和计算目标值时依然采用了同样的参数模型，这样必然会造成价值的过高估计。为了减轻这一过高估计，我们将最优动作的选择和估计最优行动进行分离，也就是采用 Q 网络完成最优行动的选择工作，即：

$$a^* = \text{argmax}_a Q(s_{j+1}, a; \theta) \tag{2-16}$$

然后利用这个最优动作在目标网络中计算目标 Q 值，即：

$$y_j = r_j + \gamma Q'(s_{j+1}, \text{argmax}_a Q(s_{j+1}, a; \theta); \theta') \tag{2-17}$$

其他设置与 DQN 算法一致。

2.3　基于策略梯度的算法

基于策略梯度的算法是通过直接对长期回报的期望进行优化，即直接计算策略可能更新的方向，而不再采用迂回的方式更新策略。

2.3.1　策略梯度法

强化学习的目标是最大化长期回报期望，可写为：

$$\pi^* = \text{argmax}_\pi E_{\tau \sim \pi(\tau)}[r(\tau)] \tag{2-18}$$

其中，τ 为基于策略 π 得到的运动轨迹，$r(\tau)$ 表示在这条运动轨迹下的总回报。该算法的目标函数为：

$$J(\theta) = E_{\tau \sim \pi_\theta(\tau)}[r(\tau)] = \int_{\tau \sim \pi_\theta(\tau)} \pi_\theta(\tau) r(\tau) \mathrm{d}\tau \tag{2-19}$$

对目标函数求导，可得：

$$\begin{aligned} \nabla_\theta J(\theta) &= \int_{\tau \sim \pi_\theta(\tau)} \nabla_\theta \pi_\theta(\tau) r(\tau) \mathrm{d}\tau \\ &= \int_{\tau \sim \pi_\theta(\tau)} \pi_\theta(\tau) \nabla_\theta \log \pi_\theta(\tau) r(\tau) \mathrm{d}\tau \\ &= E_{\tau \sim \pi_\theta(\tau)}[\nabla_\theta \log \pi_\theta(\tau) r(\tau)] \end{aligned} \tag{2-20}$$

在运动轨迹 $\tau = \{s_0, a_0, s_1, a_1, \cdots, s_T, a_T\}$ 下，策略 π 可写成：

$$\pi(\tau) = \pi(s_0, a_0, \cdots, s_T, a_T) = p(s_0) \prod_{t=0}^{T} \pi_\theta(a_t \mid s_t) p(s_{t+1} \mid s_t, a_t), \tag{2-21}$$

对其求导，可得：

$$\begin{aligned}\nabla_\theta \log \pi_\theta(\tau) &= \nabla_\theta \log\left[p(s_0)\prod_{t=0}^{T}\pi_\theta(a_t \mid s_t)p(s_{t+1} \mid s_t,a_t)\right] \\ &= \nabla_\theta\left[\log p(s_0) + \sum_{t=0}^{T}\log \pi_\theta(a_t \mid s_t) + \sum_{t=0}^{T}\log p(s_{t+1} \mid s_t,a_t)\right] \\ &= \sum_{t=0}^{T}\nabla_\theta \log \pi_\theta(a_t \mid s_t) \qquad (2-22)\end{aligned}$$

将其代入式（2－20）中可得：

$$\begin{aligned}\nabla_\theta J(\theta) &= E_{\tau\sim\pi_\theta(\tau)}\left[\left(\sum_{t=0}^{T}\nabla_\theta \log \pi_\theta(a_t \mid s_t)\right)r(\tau)\right] \\ &= E_{\tau\sim\pi_\theta(\tau)}\left[\left(\sum_{t=0}^{T}\nabla_\theta \log \pi_\theta(a_t \mid s_t)\right)\left(\sum_{t=0}^{T}r(s_t,a_t)\right)\right] \\ &= \frac{1}{N}\sum_{i=1}^{N}\left[\left(\sum_{t=0}^{T}\nabla_\theta \log \pi_\theta(a_{i,t} \mid s_{i,t})\right)\left(\sum_{t=0}^{T}r(s_{i,t},a_{i,t})\right)\right] \\ &= \frac{1}{N}\sum_{i=1}^{N}\sum_{t=0}^{T}\nabla_\theta \log \pi_\theta(a_{i,t} \mid s_{i,t})\left(\sum_{t=0}^{T}r(s_{i,t},a_{i,t})\right) \qquad (2-23)\end{aligned}$$

式（2－23）第三个等号是基于蒙特卡洛近似方法得到的，在已知目标函数的梯度后，便可对参数进行更新，因此策略梯度（Policy Gradient，PG）算法[88,89]可以分为以下两步：

（1）通过式（2－23）计算目标函数的梯度 $\nabla_\theta J(\theta)$；

（2）更新模型的参数 $\theta \leftarrow \theta + \alpha\nabla_\theta J(\theta)$。

2.3.2 演员—评论家算法

回顾式（2－23），我们发现在任何时刻下，都用策略的梯度乘以所有时刻回报值的总和，但这样的设计存在一定的问题。因为在 t 时刻执行动作后，它只会对 t 时刻之后的回报产生影响，并不会影响 t 时刻之前的回报。因此，该式表示成如下形式：

$$\nabla_\theta J(\theta) = \frac{1}{N}\sum_{i=1}^{N}\sum_{t=0}^{T}\nabla_\theta \log \pi_\theta(a_{i,t} \mid s_{i,t})\left(\sum_{t'=t}^{T}r(s_{i,t'},a_{i,t'})\right) \qquad (2-24)$$

从式（2－24）中可以看出，对模型进行优化时，序列的回报值会对梯度的更新产生较大的影响，这使得模型在优化时会出现一定的波动，这些波动会影响模型的优化效果。因此，引入了一个偏移量（Baseline）b 来对模型进行调整，进而式（2－24）可表示为：

$$\nabla_\theta J(\theta)=\frac{1}{N}\sum_{i=1}^{N}\sum_{t=0}^{T}\left[\nabla_\theta\log\pi_\theta(a_{i,t}\mid s_{i,t})\left(\sum_{t'=t}^{T}r(s_{i,t'},a_{i,t'})-b_{i,t'}\right)\right] \tag{2-25}$$

其中，b 为同一起始点的不同序列在同一时刻长期回报的均值，即：

$$b_{i,t'}=\frac{1}{N}\sum_{i=1}^{N}\sum_{t=t'}^{T}r(s_{i,t'},a_{i,t'}) \tag{2-26}$$

它的引入使算法稳定性得以提升，并且该偏移量的引入并不会影响模型原本的计算值。此外，为了下文的表述，记 $G_t=\sum_{t'=t}^{T}r(s_{i,t'},a_{i,t'})-b_{i,t'}$。

机器学习的核心问题是如何平衡模型的偏差和方差，常用的一类算法是演员—评论家（Actor－Critic，AC）算法[71]，其主要特点是采用一个独立的模型来估计轨迹的长期回报并代替轨迹的真实回报。演员—评论家算法整体包含了两个模型，其中演员（Actor）组件表示策略模型 $\pi_\theta(a\mid s)$，评论家（Critic）组件表示价值模型 $v_\pi(s)$。接下来我们将介绍两种 AC 算法。

异步优势演员—评论家（Asynchronous Advantage Actor－Critic Algorithm，A3C）[75]算法同时启动了 N 个线程，智能体将在这 N 个线程中同时与环境进行交互，且这 N 个线程之间互不干扰。另外，这 N 个线程生成的交互序列并不相同，这使得模型的训练更加有效。收集完样本之后，每一个线程将独立完成训练并得到参数的更新量，且异步地更新到全局的模型参数中。下一次训练时，每一个线程的模型参数将与全局模型的参数完成同步，再进行下一轮的训练，其过程如图 2－4 所示。伪代码如算法2－3所示。

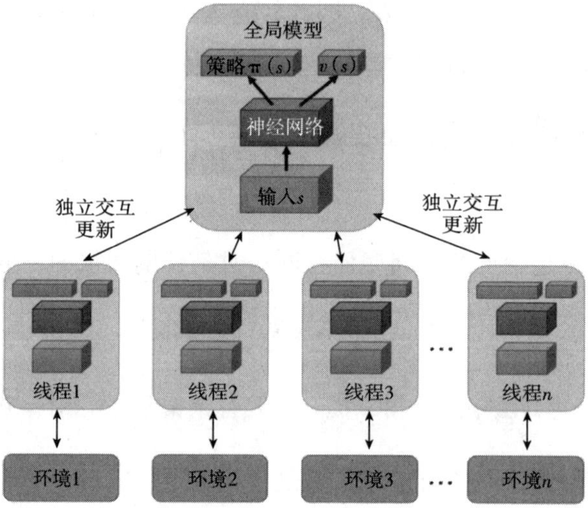

图 2－4　A3C 算法的结构[90]

初始全局和线程内部的策略模型参数：θ, θ'

初始全局和线程内部的价值模型参数：θ_v, θ'_v

初始化所有线程的计步器 $t \leftarrow 1$

repeat

　重置梯度：$d\theta \leftarrow 0, d\theta_v \leftarrow 0$

　同步模型参数：$\theta' = \theta, \theta'_v = \theta_v$

　$t_{start} = t$

　得到状态 s_t

　repeat

　　基于策略 $\pi(a_t|s_t;\theta')$ 执行动作 a_t

　　得到下一状态 s_{t+1} 并收到奖励 r_t

　　$t \leftarrow t+1$

　　$T \leftarrow T+1$

　until 达到终止状态 s_t 或者 $t - t_{start} == t_{max}$

　计算采样价值

$$R = \begin{cases} 0, & \text{对于终止状态} \\ v(s_t;\theta'_v), & \text{对于非终止状态} \end{cases},$$

　for $i \in \{t-1, ..., t_{start}\}$ **do**

　　$R \leftarrow r_i + \gamma R$;

　　积累策略模型梯度 θ'：$d\theta \leftarrow d\theta + \nabla_{\theta'} \log \pi(a_i|s_i;\theta')(R - V(s_i;\theta'_v))$

　　积累价值模型梯度 θ'_v：$d\theta_v \leftarrow d\theta_v + \nabla_{\theta'_v}(R - V(s_i;\theta'_v))^2$

　end

　对全局模型 θ 和 θ_v 进行异步更新：$\theta \leftarrow d\theta, \theta_v \leftarrow d\theta_v$

until $T > T_{max}$

算法 2－3　单一线程执行过程的 A3C 算法

该算法中的“优势”并不是指直接采用优势函数来代替式（2－25）中的 G_t ，而是采用时序差分误差（Temporal Difference Error，TD－Error）的形式：$r_{s_t,a_t} + v(s_{t+1}) - v(s_t)$ ，该式主要是通过当前时刻的回报和下一时刻的价值估计来得到目标价值，然后减去当前时刻的价值估计。这个方法虽然增加了模型的稳定性，但同时也使模型的偏差增大。为了更好地平衡模型偏差和方差之间的关系，A3C 算法采用了多步回报估计法，它可以在训练早期更快地提升价值模型，即：

$$\sum_{i=1}^{n} \gamma^{i-1} r_{t+i} + v(s_{t+n}) - v(s_t) \tag{2-27}$$

另外，A3C 算法引入了模型的熵到目标函数中以提高模型的探索性，也就是希望模型的熵尽可能地大一些，进而使得模型具有多样性。因此，策略梯度的更新公式如式（2－28）所示：

$$\nabla_\theta J(\theta) = \frac{1}{T}\sum_{t}^{T} \nabla_\theta \log \pi_\theta(a_t \mid s_t)\left(\sum_{i=1}^{n} \gamma^{i-1} r_{t+1} + v(s_{t+n}) - v(s_t)\right) + \beta \nabla_\theta H(\pi_\theta(s_t)) \tag{2-28}$$

其中，β 为策略熵的系数。引入策略 π 的熵 $H(\pi_\theta(s_t))$ 到目标函数中可鼓励智能体进行探索。

优势演员—评论家（Advantage Actor－Critic Algorithm，A2C）算法是 A3C 算法的一种简化形式，与 A3C 算法的主要区别在于全局模型的更新方式上。不同于 A3C 算法，A2C 算法会等待所有的线程返回后共同更新全局模型的参数，如图 2－5 所示。

2.4 小结

本章介绍了与本书相关的几种典型的强化学习算法，这与我们下文的研究工作密切相关。

到目前为止，深度强化学习算法在量化交易、机器人控制、自动驾驶等领域取得了一定的进展。在本书中，我们首先针对深度强化学习算法在量化交易领域中的两个主要问题——“单资产交易”和“投资组合管理”

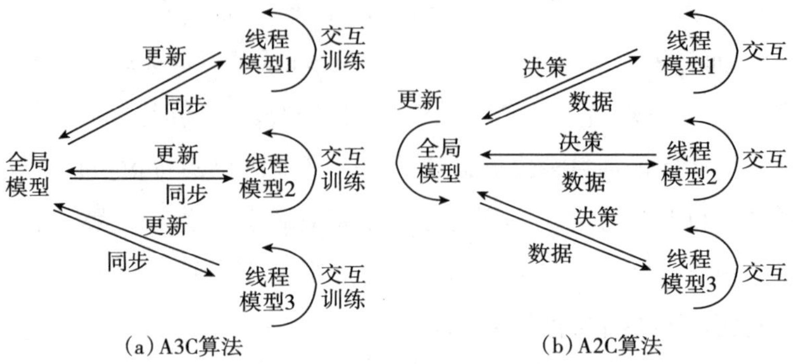

图 2－5　A3C 与 A2C 算法的更新方式比较

进行研究，对原始算法进行改进，使其性能得以提高，用于获取更高收益；其次，对深度强化学习算法的研究难点——复杂多步骤任务中存在的“奖励稀疏”问题进行研究，为简化训练场景，我们在经典的星际争霸游戏中进行了测试，以证明我们所提出算法的有效性。接下来，我们将详细地介绍本书的几个主要研究工作。

3 基于信息瓶颈理解正则化算法的工作原理

众所周知，过拟合是深度神经网络中普遍存在的问题，也是目前的研究热点。正则化算法常被用来解决这一问题，以提高模型的泛化能力。但是，到目前为止，正则项的工作原理以及它们的引入会对模型产生什么样的影响，还不为我们所知。在本章，我们首先从信息瓶颈理论出发，提出一个度量准则，称为 AEntry 值，用于度量采用不同正则项的神经网络的隐层编码长度。其次，结合人类大脑感知系统的工作原理对其进行分析，得到几个有重要价值的结论，可用于进一步构造更合适的正则项来提升深度神经网络的性能。

3.1 引言

在过去的十几年里，神经网络，特别是深度神经网络在计算机视觉[29,91]、语音识别[92,93]、机器翻译[94,95]、医学诊断[96,97]和机器人控制[98,99]等领域取得了引人瞩目的成就。因此，从不同的角度（如信息论、物理学等）对神经网络的训练过程进行分析已成为近几年的研究热点。

尽管对神经网络模型的研究已有很长一段时间，但到目前为止，过拟合问题仍是一个巨大的挑战。过拟合，是指模型过度地学习训练数据中的细节和噪声，导致模型在新数据上表现很差[100]。为解决这一问题，许多正则化算法被提出。其中，最常用的算法是添加正则项到损失函数中。例如，高斯正则化是通过添加权重的 L_2 -范数到损失函数中，这引入了高斯先验信息到模型中，又被称为“权重衰减”[101]。类似地，拉普拉斯正则化[42]引入了权重的 L_1 -范数到损失函数中，这使得拉普拉斯先验信息被引入。另外，稀疏响应正则化算法[102]通过引入隐层神经元激活值的 L_1 -范数到损失函数中以限制神经元的响应。随着神经网络的发展，其结构更加复杂，为了解决深度神经网络中的过拟合问题，许多更高级的正则化算法被提出。例如，Dropout 通过在训练过程中随机丢弃一些输入或隐层的神经元及其相应连接，在性能上取得了很大的提升[45]。在深层网络训练的过程中，网络中参数的变化会使得内部结点数据的分布发生变化，也就是上层网络需要不停地进行调整以适应输入数据分布的变化，这会导致网络学习速度的降低，这一问题被称作内部协方差偏移（Internal Covariate Shift）。为解决这一问题，批量标准化（Batch Normalization，BN）算法[46]被提出。但 BN 算法依赖于批尺寸的大小，且无法用于循环神经网络（Recurrent Neural Network，RNN），于是层标准化（Layer Normalization，LN）算法[47]被提出。另外，还有一些其他的算法可用于解决过拟合问题，如早停法[42]、权重消除法[103]、软权值共享[104]等。但这些正则化算法如何工作，以及它们会对神经网络产生什么样的影响，还不为我们所知。

神经网络模型模拟了人类大脑的工作原理，因此我们可从人类大脑感知系统的角度来分析其工作原理。在神经科学领域，关于人类大脑感知系统的工作原理已有很多研究成果。Mach[105]和 Pearson[106]首先提出感知系统的“经济性”原理，即复杂的知识可以通过科学的概念以及规则进行简化。其次，Barlow 指出，为了降低能量消耗，信息应该通过最少的激活神经元进行编码，被称为“响应经济性”原理[107]。接着，Barlow 提出了一个新的概念——联想学习，也就是为了完成一个认知任务，最小熵表示是必要的[108]。基于更多的生理及解剖事实，Barlow 又进一步提出了一个完全相反的结论，也就是大脑是通过采用信息的冗余性对其进行编码的，而不是采用压缩的、经济性的表示[109]。

在本章中，我们将从信息瓶颈理论出发，来解释正则项的工作原理。基于信息论，神经网络可以视为一个逐层提取信息的过程，其性能依赖于隐层的表示。受信息瓶颈理论的启发，我们在正则项和信息熵之间建立了一个映射关系；基于此映射关系，提出了一个度量准则 AEntry，来衡量带有不同正则项的神经网络的隐层编码长度。我们在带有不同正则项的神经网络模型上进行了很多数值实验，计算了相应的 AEntry 值。实验结果表明正则项的引入会影响神经网络的编码方式，不同的正则项会对模型产生不同的影响；类似于大脑感知系统的工作原理，合适地利用编码的冗余性可有效地提高模型的性能。

本章结构安排如下：第 3.2 节介绍了信息论中几个相关的概念及理论。第 3.3 节构建了香农信息熵和正则项之间的一个映射关系，并提出了一个准则来度量隐层的编码长度，称为 AEntry 值。第 3.4 节通过数值实验来分析不同正则项对模型的影响。第 3.5 节对本章工作进行小结。

3.2 相关工作

在这一部分，我们首先回顾信息论中的几个基本概念；其次将详细地介绍深度神经网络与信息瓶颈理论之间的关系。

3.2.1 信息论中的几个概念

定义 3.1（香农信息熵）：假设随机变量 X 的概率密度函数为 $p(x)$，则变量 X 的香农信息熵可表示为：

$$H(X) = -\sum_{x} p(x) \log p(x) \tag{3-1}$$

这是信息论中的核心定义，它衡量了任意的一个信号或变量所包含的信息量。

定义 3.2（互信息）：假设有两个随机变量 X 和 Y，它们的概率密度函数分别为 $p(x)$ 和 $p(y)$，则随机变量 X 和 Y 之间的互信息表示为：

$$\begin{aligned} I(X;Y) &= \sum_{x,y} p(x,y) \log \frac{p(x,y)}{p(x)p(y)} \\ &= \sum_{x,y} p(x,y) \log \frac{p(x \mid y)}{p(x)} \\ &= -\sum_{x,y} p(x,y) \log p(x) + \sum_{x,y} p(x,y) \log p(x \mid y) \\ &= H(X) - H(X \mid Y) \end{aligned} \tag{3-2}$$

其中，$p(x,y)$ 为变量 X 和 Y 之间的联合概率密度函数，$p(x|y)$ 为条件概率密度函数，$H(X|Y)$ 为条件熵。由此可得，互信息 $I(X;Y)$ 是在给定 Y 知识的条件下 X 的不确定度的缩减量。

定义 3.3（信号的平均编码长度）：假设任意一个信号 Z 包含 m 个随机变量，长度分别为 $L_1,L_2,L_3,\cdots,L_m$。由于一个随机变量的香农最优编码长度为 $-\log p_i$，则其编码长度应满足 $L_i \geqslant -\log p_i$。因此，信号 Z 的平均编码长度为：

$$
\begin{aligned}
L_{av}(Z) &= \sum_{i=1}^{m} L_i \\
&= \sum_{j=1}^{n} p_j(L_j)\, L_j \\
&\geqslant -\sum_{j=1}^{n} p_j \log p_j \\
&= H(Z)
\end{aligned}
\tag{3-3}
$$

也就是说，一个信息的最优描述长度应等于其香农熵。

定义 3.4（数据处理不等式）：假设随机变量 X、Y、Z 构成了一个马尔科夫链 $X \rightarrow Y \rightarrow Z$，则它们满足下述不等式：

$$
I(X;Y) \geqslant I(X;Z) \tag{3-4}
$$

其中，$I(X;Y)$ 和 $I(X;Z)$ 分别为变量 X 和 Y、变量 X 和 Z 之间的互信息。也就是说，任意一个信号在经过处理后，其信息量不会增加。

3.2.2 深度神经网络与信息瓶颈理论

信息瓶颈（Information Bottleneck，IB）理论：这一理论是由 Tishby 等[110]于 1999 年提出，阐述了通过一个“瓶颈”来压缩输入随机变量 $X \in \mathcal{X}$ 包含另一个输出随机变量 $Y \in \mathcal{Y}$ 的相关信息，如人脸图像数据提供的有关被描绘的人物姓名的信息等。假设随机变量 X 与 Y 之间存在统计依赖性，它们的联合分布为 $p(X,Y)$，相关信息则是它们之间的互信息 $I(X;Y)$。另外，由于随机变量 Y 中不仅包含了与 X 相关的特征，而且包含了与 X 不相关的特征。因此，X 的最优编码不仅压缩了 X 的相关特征，而且移除了与 Y 无关的特征。

从统计的角度来看，随机变量 X 中与 Y 的相关特征记为 $\widehat{X}$，这是随机变

量 X 关于 Y 的最小充分统计量，即随机变量 X 与 Y 之间的互信息 $I(X;Y)$ 。假设存在一个马尔科夫链 $Y \to X \to \widehat{X}$ ，在给定 $I(\widehat{X};Y)$ 时，最小化互信息 $I(X;\widehat{X})$ 以得到随机变量 X 的最小充分统计量。也就是，寻找一个使下式达到最小值的最优表示 $\widehat{X} \in \widehat{\mathcal{X}}$：

$$L[p(\widehat{x} \mid x)] = I(X;\widehat{X}) - \beta I(\widehat{X};Y) \tag{3-5}$$

其中，β 为正的拉格朗日乘子，式（3-5）意味着在表示复杂度 $R = I(X;\widehat{X})$ 与所保留的相关信息 $I_Y = I(\widehat{X};Y)$ 之间寻求一个均衡关系。$\beta \to \infty$ 意味着尽可能地保留变量 X 的细节信息；$\beta \to 0$ 意味着 $\widehat{X}$ 对 X 的描述尽可能地粗略。

但对于一般的分布 $p(X,Y)$ ，最小充分统计量不一定存在，且马尔科夫链 $X \to \widehat{X} \to Y$ 也不一定成立。假设 $\widehat{Y}$ 为预测变量，由数据处理不等式可得 $I(X;Y) \geqslant I(Y;\widehat{Y})$ ，当且仅当 $\widehat{X}$ 为最小充分统计量时等号成立。

基于之前的研究[110]，得知式（3-5）的最优解应满足下列的自洽方程：

$$\begin{cases} p(\widehat{x} \mid x) = \dfrac{p(\widehat{x})}{Z(x;\beta)} exp\left(-\beta D[p(y \mid x) \parallel p(y \mid \widehat{x})]\right) \\ p(y \mid \widehat{x}) = \sum\limits_x p(y \mid x) p(x \mid \widehat{x}) \\ p(\widehat{x}) = \sum\limits_x p(x) p(\widehat{x} \mid x) \end{cases} \tag{3-6}$$

其中，$Z(x;\beta)$ 为归一化因子，常被称为配分函数。IB 方法可以看为一个带有非固定失真率的率失真问题，即 $d_{IB}(x,\widehat{x}) = D[p(y \mid x) \parallel p(y \mid \widehat{x})]$ ，其中，D 为 KL 散度。尽管该问题不是凸优化问题，但该自洽方程可通过 Arimoto - Blahut 算法来求解得到最优的率失真函数，故 IB 失真的期望值为：

$$D_{IB} = E[d_{IB}(X,\widehat{X})] = I(X;Y \mid \widehat{X}) \tag{3-7}$$

这是在 $\hat{X}$ 给定时，随机变量 X 与 Y 的条件互信息，即变量 X 中与 Y 有关但没有被 $\hat{X}$ 捕捉到的信息。显然，式（3－5）可等价于下式：

$$L[p(\hat{x}\mid x)] = I(X;\hat{X}) + \beta I(X;Y\mid \hat{X}) \tag{3-8}$$

两式之间只相差一个常数。该变分问题的最优均衡解由率失真定义，如图 3－1 中的黑色曲线所示。

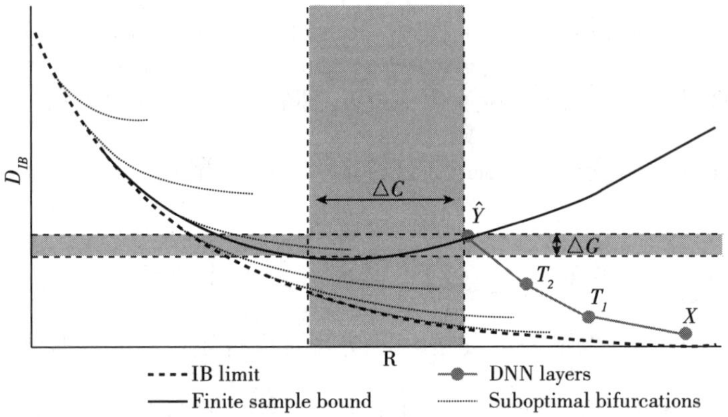

图 3－1　信息平面

注：DNN layers 为 DNN 在训练数据集上的逐层信息路径；IB limit 是可实现的最优 IB 极限；Suboptimal bifurcations 是 β 取不同值时得到的局部最优 IB 分支，是通过限制 $\hat{X}$ 的基得到的；Finite sample bound 为样本外数据 IB 失真的边界。ΔG 为泛化间隙，ΔC 为复杂度间隙[50]。

深度神经网络（Deep Neural Network，DNN）：在这里，我们考虑最普通的前馈神经网络，其结构如图 3－2 所示。假设神经网络的输入为 X（如图片的像素值等高维数据），输出为 Y（如图片的类别特征等低维预测），模型的预测值为 $\hat{Y}$，第 k 个隐层的数据表示为 $T_k = \sigma(W_k T_{k-1} + b_k)$，其中，$\sigma(\cdot)$ 为激活函数，W_k 为神经元之间的连接权重，b_k 为偏差项。当神经网络的结构给定时，神经网络的目标函数为最小化样本的真实标签与预测值之间的差距，即：

$$\min \|Y - \hat{Y}\|_2^2 \tag{3-9}$$

通常采用梯度下降算法来训练网络，更新模型参数。DNN 是通过多层神经元的连接来学习输入数据的逐层表示，进而完成学习任务，这就构成了一个马尔科夫链 $Y \to X \to T_1 \to T_2 \to \cdots \to T_n \to \widehat{Y}$。根据数据处理不等式可得：

$$I(Y;X) \geqslant I(Y;T_i) \geqslant I(Y;T_j) \geqslant I(Y;\widehat{Y}) \tag{3-10}$$

当且仅当 T_i 为输入数据 X 的充分统计量时，等号成立，其中 $i \geqslant j$。另外，每一层的编码 T_i 应尽可能地最大化 $I(Y;T_i)$，同时也要最小化 $I(T_{i-1};T_i)$。其中，$I(Y;\widehat{Y})$ 精确地度量了由模型捕捉到的输入 X 中关于输出 Y 的特征量，可视为 DNN 完成任务质量的度量，即模型的准确率；降低 $I(T_{i-1};T_i)$ 的值意味着尽可能地压缩隐层的编码长度。

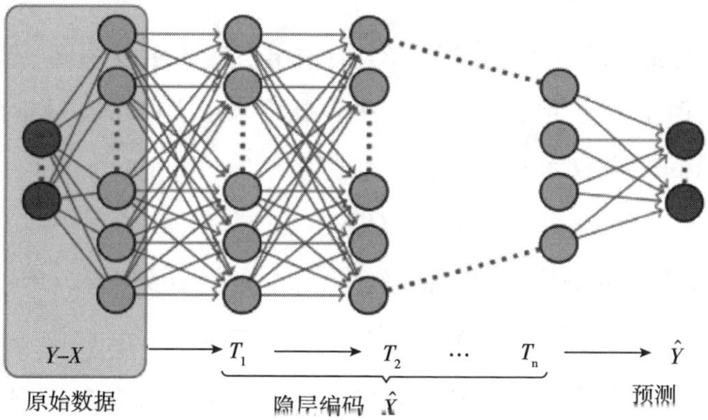

图 3－2　前馈神经网络

对照 IB 方法，DNN 中隐层的表示 T 相应于 IB 方法中与任务相关的特征 $\widehat{X}$，对于带有信息失真的 DNN，IB 方法不仅给出了一个输出层的最优度量，而且给出了每一个隐层的最优度量。也就是说，每一层都可以与如下的最优 IB 极限进行比较：

$$I(T_{i-1};T_i) + \beta I(Y;T_{i-1} \mid T_i) \tag{3-11}$$

其中，当 $i = 0$ 时，$T_0 = X$，当 $i = n+1$ 时，$T_{n+1} = \widehat{Y}$，式（3－11）很好地解释了 DNN 更深层表示的结构。由于每一条 IB 曲线都是由唯一的 β 定

义的，从低层到高层的表示等价于连续地减小 β 值。在理论上，IB 极限与 DPI 的信息流限制都很好地刻画了已训练的 DNN 的逐层编码情况，如图 3－1中的 DNN layers 曲线所示。即输入层的 IB 失真最小，但编码长度最长；从浅层到深层，失真度增大的同时输入信息的隐层编码也被压缩。图中的 IB limit 曲线为 DNN 在训练集上可实现的最优 IB 极限，Finite sample bound 曲线为样本外数据的 IB 信息平面，Suboptimal bifurcations 曲线为 β 取不同值时的局部最优 IB 分支。通过对比 IB limit 和 Finite sample bound 曲线，可看出，在训练集上随着隐层表示复杂度 R 的增加，失真 D_{IB} 在逐渐降低；而在训练集外的数据上，随着表示复杂度 R 的增加，D_{IB} 先减小后增大，这说明模型发生了过拟合。我们将网络的精度和表示复杂度之间的平衡点记作（$R^*(N),D_{IB}^*(N)$）。另外，记给定的 DNN 为 N，D_N 为网络输出层的 IB 失真，即 $I(X;Y|\widehat{Y})$，R_N 为输出层的表示复杂度，即 $I(X;\widehat{Y})$。因此，我们可以基于预测和压缩这两个概念来定义两个度量指标。第一个是泛化误差或泛化间隙：

$$\Delta G = D_N - D_{IB}^*(n) \tag{3-12}$$

这是 Y 中没有被网络捕捉的信息量。第二个是复杂度间隙，即：

$$\Delta C = R_N - R^*(n) \tag{3-13}$$

这限制了网络中不必要的表示复杂性。对于一个已训练的 DNN，逐层编码形成了如图 3－1 中的 DNN layers 曲线。我们希望找到满足 IB 最优性条件的网络，使其逐层表示接近最优 IB 极限。

3.3 正则项的工作原理

深度神经网络从原始数据中提取相关的特征，并通过层级结构建立了一个更高水平的表示，它可以看作输入数据连续表示的马尔科夫链，记为 $Y \to X \to T(T_1,\cdots,T_n) \to \widehat{Y}$，其中 Y、X、T、$\widehat{Y}$ 分别为样本的真实标签、输入数据、隐层编码和神经网络预测的标签，如图 3－2 所示。这里，我们基于信息瓶颈理论对神经网络的工作原理进行解释，信息瓶颈理论是一个有损信号压缩理论，即寻找输入数据 X 关于目标 Y 的最优表示 T，可通过最小化下式得出：

$$\mathcal{F}[p(t \mid x)] = I(X;T) - \beta I(T;Y) \tag{3-14}$$

其中，β 是一个大于 0 的拉格朗日乘子。其最优解可通过式（3－6）所示的自洽方程得出。由互信息的定义知，它们满足如下关系：

$$\begin{aligned} I(X;T) &= H(T) - H(T \mid X) \\ I(T;Y) &= H(Y) - H(Y \mid T) \end{aligned} \tag{3-15}$$

则式（3－14）可转变为：

$$\begin{aligned} \mathcal{F}[p(t \mid x)] &= I(X;T) - \beta I(T;Y) \\ &= H(T) - H(T \mid X) - \beta(H(Y) - H(Y \mid T)) \end{aligned} \tag{3-16}$$

在一个参数确定的模型中，不存在任何的不确定性，故 $H(T \mid X) = 0$；由于原始数据的标签已知，故 $H(Y) = c$，这里 c 是一个常数。因此，式（3－16）等价于下式：

$$\mathcal{F}[p(t \mid x)] = H(T) + \beta H(Y \mid T) + c \tag{3-17}$$

其中，$H(T)$ 为隐层编码的熵，条件熵 $H(Y \mid T)$ 是当隐层编码 T 确定时预测 Y 的不确定度，也就是模型的损失。由式（3－17）可知带有正则项的神经网络的目标函数等价于同时最小化模型的损失和隐层表示的编码长度。

进一步地，根据 Schwartz－Ziv 等提出的解释，当隐层的编码长度为输入数据的最小充分统计量时，目标函数达到最小值。由于最小充分统计量只存在于指数分布族中，所有神经网络的目标函数应满足下式：

$$\mathcal{F} \geqslant H(T_{min}) + \beta H(Y \mid T_{min}) + c \tag{3-18}$$

其中，$\mathcal{F}$ 为神经网络的目标函数，T_{min} 为输入数据的最小充分统计量。

为进一步说明正则项的引入对神经网络产生的影响，我们对带有稀疏响应正则项的神经网络进行了分析，其目标函数可表示为：

$$\mathcal{F} = L(Y;\widehat{Y}) + \lambda \sum_{i,l} \|t_i^l\|_1 \tag{3-19}$$

其中，Y 和 $\widehat{Y}$ 分别为样本真正的标签和模型预测的标签；t_i^l 为第 l 层第 i 个神经元的激活值；$L(Y;\widehat{Y})$ 为模型的损失，与式（3－17）中的 $H(Y \mid T)$ 相对应。也就是说：

$$L(Y;\widehat{Y})\leftrightarrow H(Y|T) \tag{3-20}$$

由大数定律可知，式（3－19）中的第二项满足如下关系：

$$\sum_{i,l}\|t_i^l\|_1\approx\sum_{l,v}|t_v^l|\,p(|t_v^l|),v=1,2,\cdots,V \tag{3-21}$$

这里，激活值被划分成 V 个区间。根据大脑感知系统的理论，一个神经元的编码长度近似等于其激活值的绝对值，即 $|t_v^l|$。结合信息论知，该神经元的码长应满足：

$$|t_v^l|\geqslant-\log(p(|t_v^l|)) \tag{3-22}$$

因此，式（3－19）中的第二项可表示为：

$$\begin{aligned}\sum_{i,l}\|t_i^l\|_1&\approx\sum_{l,v}|t_v^l|\,p(|t_v^l|)\\&\geqslant\sum_{l,v}-\log(p(|t_v^l|))p(|t_v^l|)\\&=\sum_{l}H(T_l)\end{aligned} \tag{3-23}$$

因此，带有稀疏响应正则项的神经网络的目标函数为：

$$\begin{aligned}\mathcal{F}&\geqslant H(Y|T)+\lambda\sum_{l}H(T_l)\\&=H(Y|T)+\lambda H(T)\end{aligned} \tag{3-24}$$

由此可知，神经网络目标函数的下界等于模型的损失与所有隐层编码的熵的和。只有当隐层采用香农最优编码时，最小值才可以达到。显然，式（3－24）和式（3－18）等价，这意味着隐层编码的熵与带有正则项的神经网络目标函数之间存在对应关系。

另外，正则项的引入会影响隐层的编码，这在第 3.4 节将会给出详细解释。基于上述分析，稀疏响应正则项的引入限制了隐层神经元的激活值；类似地，拉普拉斯和高斯正则项添加惩罚项在模型的权重上，同样限制了隐层的激活值，实现了与稀疏响应正则化算法类似的性能。但是，Dropout、BN、LN 等正则化技巧的引入会对模型产生怎样的影响仍不为我们所知。由此看出，精确地量化由隐层所提取特征的编码长度是非常有必要的。因此，我们提出了一个度量指标——AEntry 值，其表达式如下：

$$AEntry = \sum_{l} H(T_l) = -\sum_{l,v} p(t_v^l)\log p(t_v^l), v = 1,2,\cdots,V \tag{3-25}$$

其中，T_l 为第 l 个隐层的表示，我们可以通过将神经元的激活值离散到 V 个小区间来计算隐层的信息熵，$p(t_v^l) = \frac{num(t_v^l)}{num(T_l)}$ 为激活值落在第 v 个区间的概率，$num(t_v^l)$ 为激活值落在第 v 个区间的个数，$num(T_l)$ 为第 l 层神经元的个数。

基于 AEntry 值，我们进一步分析并评估不同正则项算法对模型产生的影响。另外，我们结合人类大脑感知系统的工作原理来解释神经网络模型的工作原理。在感知系统的理论研究中，一些研究者基于一些生理学和解剖学的事实指出大脑通过适当冗余的表示来传递信息[109,111,112]。因此，我们猜测 Dropout、BN、LN 这几种正则项算法很有可能通过适当地采用冗余编码来提高模型的性能。

3.4 实验

我们在 MNIST[113] 以及 Fashion - MNIST 数据集[114] 上执行了大量的实验，来分析几种常用正则项算法的引入对全连接神经网络所带来的影响。MNIST 数据集包含了从数字 0～9 共 10 类手写体数字，由 60000 个训练样本和 10000 个测试样本组成，每张图片为 28 × 28 像素的单通道图片，如图 3 - 3（a）所示。我们从训练集中随机地选择了 5000 个样本作为验证集来监测模型的训练过程。这里，神经网络模型由 5 个隐层组成，每一个隐层有 100 个神经元；模型的输入为 784 个神经元，输出为 10 个神经元。类似地，Fashion - MNIST 数据集包含了 70000 张 10 类时尚产品的图片，如图 3 - 3（b）所示，每张图片的大小为 28 × 28 像素。我们将数据集做相同的划分，分为训练集、验证集和测试集三类。与前者不同的是，所采用的全连接神经网络包含 5 个隐层，每一个隐层有 500 个神经元。这两个神经网络的其他设置如下：隐层的激活函数为线性整流函数（ReLU），输出层的激活函数为 Softmax 函数。我们采用 Adam 优化算法来训练模型，并通过验证集来确定最优参数。神经网络的权重和偏置分别通过 Xavier 算法[115]和均匀分布来初始化。另外，为加快训练速度，在每一次迭代时我们随机从训练集中选择 100 个样本来训练模型。为保证实验结果的可靠性，每个模型运行了 5 次。

(a) MNIST 数据集　　(b) Fashion-MNIST 数据集

图 3－3　图像分类数据集

3.4.1　添加惩罚项到损失函数中的正则项

在这一部分，我们在引入不同正则项的神经网络模型上执行了大量的实验，包括早停法、拉普拉斯正则项、高斯正则项和稀疏响应正则项，这一类正则项都是引入惩罚项到损失函数中。为分析这些正则项对模型产生的影响，我们分别计算了每一个模型的 AEntry 值及相应的测试误差，如表 3－1 所示。

表 3－1　带有几种不同的正则项算法的神经网络模型在 MNIST 和 Fashion－MNIST 数据集上的结果

数据集	正则化算法	λ	η	测试误差/%	AEntry 值
MNIST	没有正则项	—	1e－3	2.20	1336.84
	早停法	—	1e－3	2.00	1314.36
	高斯正则项	1e－6	1e－3	2.04	1314.83

续表

数据集	正则化算法	λ	η	测试误差/%	AEntry 值
MNIST	拉普拉斯正则项	1e-6	1e-3	1.99	1317.58
	稀疏响应正则项	1e-6	1e-3	2.04	1083.12
Fashion-MNIST	没有正则项	—	5e-4	10.57	3712.08
	早停法	—	5e-4	10.35	3670.64
	高斯正则项	1e-6	5e-4	10.30	3548.99
	拉普拉斯正则项	1e-6	5e-4	10.49	3186.30
	稀疏响应正则项	1e-6	5e-4	10.52	2675.81

注：λ、η 分别为正则项前的系数和优化算法的学习率。每一个实验被执行了 5 次。

对比表 3-1 中没有添加正则项和采用早停法模型的结果，可看出早停法不仅可以降低隐层特征的编码长度，而且可以提升模型的性能，这意味着多余的训练会引入不相关的信息到模型中，使得隐层的编码长度增加，且造成了模型的过拟合。进一步地，通过对比带有其他几个正则项的模型和原始模型的 AEntry 值，我们发现这些正则项的引入会使得隐层所提取特征的编码长度减短。这是因为，更多输入数据中与输出无关的信息被移除。另外，编码长度减短的同时模型误差减小，说明由模型所提取的特征的确信度增加。这是因为拉普拉斯、高斯、稀疏响应正则项引入了先验信息到模型中。

另外，虽然带有稀疏响应正则项约束的神经网络具有最小的 AEntry 值，但其相应的测试误差并不是最小，这说明了尽可能地去压缩隐层特征的编码长度并不能产生最好的性能。这是因为无限度地压缩隐层特征编码长度会导致模型失去部分与输出有关的输入信息。

3.4.2 几种正则化技巧

在本章中，我们将分析其他几种正则化技巧对神经网络模型产生的影响，如 Dropout、BN 和 LN。为与上一章中的正则化算法相区分，我们将这些算法称为正则化技巧。表 3-2 展示了引入三种不同正则化技巧的神经网络的参数以及相应的结果。

表 3-2　带有几种不同正则化技巧的神经网络在 MNIST 和 Fashion-MNIST 数据集上的结果

数据集	正则化技巧	η	测试误差/%	AEntry 值
MNIST	没有正则项	1e-3	2.20	1336.84
	Dropout	1e-3	2.00	1344.67
	BN	1e-3	1.88	1710.05
	LN	1e-3	2.94	1368.76
Fashion-MNIST	没有正则项	5e-4	10.57	3712.08
	Dropout	5e-4	9.74	3729.93
	BN	5e-4	10.05	7841.51
	LN	5e-4	10.16	5688.87

注：η 为模型的学习率。每一组实验被执行了 5 次。

通过比较表 3-2 中的测试误差，我们发现这几种正则化技巧的引入都提高了原始神经网络的性能。对比这些 AEntry 值，我们发现这些正则化技巧的引入使得模型隐层特征的编码长度增加，这与上一章采用几种正则项算法的结果完全相反。说明增加隐层特征的编码长度可有效地提高模型的性能，进一步阐述了编码长度的增加并不是由不相关信息的引入导致的，而是由隐层中相关信息的冗余表示产生的。这与人类大脑感知系统的工作原理相一致，即大脑通过利用信息编码的冗余性来传递信号并表示信息[109]。由此，可得出如下结论，对与任务相关的特征进行冗余性编码可有效提升模型的性能。因此，Dropout、BN 和 LN 这几种正则化技巧的工作原理与人类大脑感知系统的工作原理相一致。

根据以上实验得知，尽管最优编码的长度仍是未知的，但合理地利用编码冗余性可有效地提高神经网络模型的性能。这一发现与人类大脑感知系统的工作原理相一致。

3.4.3　正则化算法对模型逐层表示的影响

神经网络模型通过多层神经元的连接来学习输入数据的逐层表示，在这一部分，我们将分析这些正则化算法对神经网络逐层相关信息编码所产生的影响。除计算 AEntry 值外，我们还计算了原始输入的信息量以及每一个隐层的编码长度。由信息论可知，输入数据的信息量可通过信息熵 $H(X)$ 来计算。我们将每一张图片归一化后的像素值（从 0 到 1）划分为 k 个等区间，每个子区间的长度为 0.05。因此，每一张图片的平均信息量为：

$$\begin{aligned} H(X) &= \frac{1}{N}\sum_{i=1}^{N} H(X_i) \\ &= \frac{1}{784}\sum_{i=1}^{784}\left(-\sum_{j=1}^{k} p(x_j)\log p(x_j)\right) \\ &\simeq 834.72 \end{aligned} \tag{3-26}$$

其中，N 为像素点的个数，X_i 为第 i 张图片，x_j 为第 j 个子区间，$p(x)$ 为像素值 x 落在第 k 个区间的概率。另外，每一个隐层的信息量可通过类似的计算得到，计算结果如图 3－4 所示。

从图 3－4 中，我们可看出正则化算法的引入确实会影响隐层特征的编码。如图 3－4（a）所示，在原始的神经网络模型中，隐层的编码长度满足 $H(X) \geqslant H(T_2) \geqslant H(T_1) \geqslant H(T_5) \geqslant H(T_3) \geqslant H(T_4)$ 关系。但根据第 3.2.1 节中所阐述的数据处理不等式可知，隐层的熵应满足 $H(X) \geqslant H(T_1) \geqslant H(T_2) \geqslant H(T_3) \geqslant H(T_4) \geqslant H(T_5)$ 这样的关系。$H(T_2)$ 和 $H(T_5)$ 值的增加说明了在对输入数据进行逐层编码的过程中，会产生神经元的冗余表示有噪声的引入。因此，通过冗余的编码来模仿人类感知系统，可大幅提高模型的性能。

进一步地，从其他 7 个图中可看出，不同的正则化算法会对模型的编码产生不同的影响。在使用早停法、拉普拉斯正则化、高斯正则化这几种正则化算法的神经网络模型中，逐层熵之间的关系与原始的模型相一致，它们只对每一层的表示进行了压缩。但是采用批正则化的神经网络取得了最好的性能，其逐层编码之间的关系如下：$H(X) \geqslant H(T_5) \geqslant H(T_4) \geqslant H(T_3) \geqslant H(T_2) \geqslant H(T_1)$。这意味着神经网络模型在更深的层采用了更加冗余的编码，进一步说明了增加编码的冗余性可有效地提高模型的性能。这些发现充分地说明了正则化算法的引入将会影响神经网络的编码方式，适当地利用编码的冗余性是一种十分有效的编码方式。

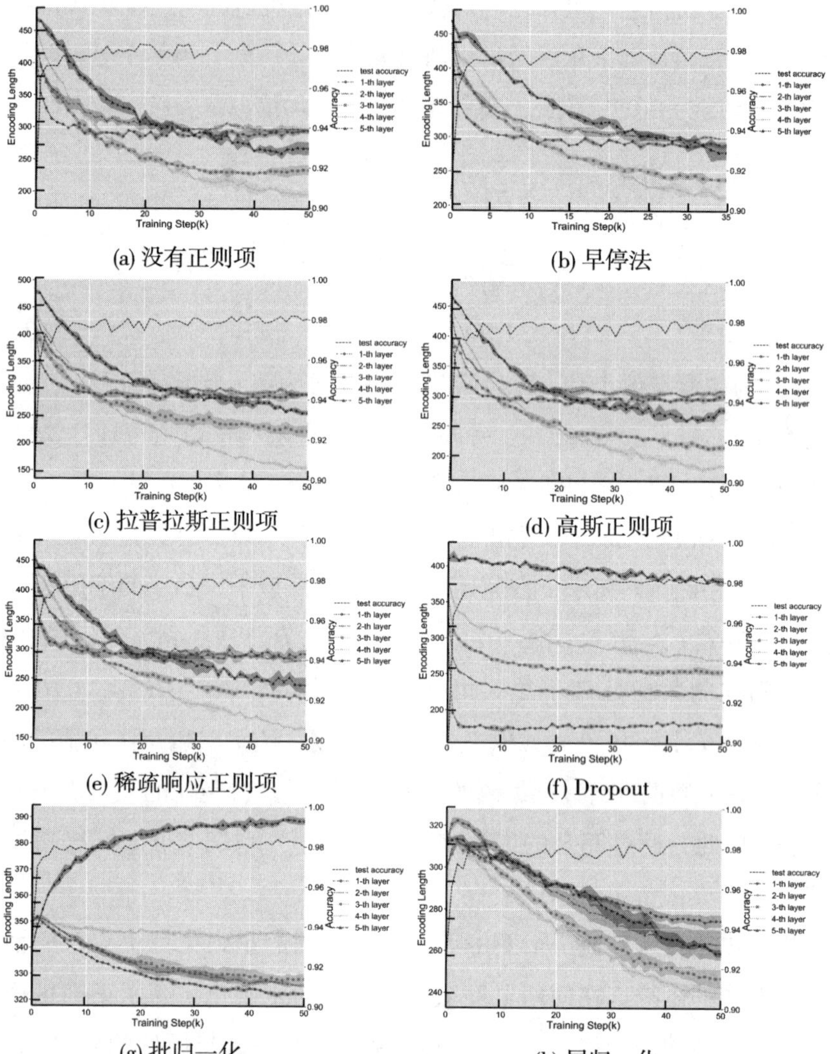

(a) 没有正则项　(b) 早停法

(c) 拉普拉斯正则项　(d) 高斯正则项

(e) 稀疏响应正则项　(f) Dropout

(g) 批归一化　(h) 层归一化

图 3-4　几种正则化算法的逐层编码长度

注：每组实验执行了 5 次。

3.5　小结

在本章中，我们基于信息论和人类大脑感知系统理论对神经网络中的正则化算法进行了分析。根据信息瓶颈理论，我们得知信息熵与神经网络的正则项之间存在着一种映射关系。基于该映射关系，我们提出 AEntry 值来度量神经网络中每个隐层所提取特征的编码长度。通过对不同正则化算法的 AEntry 值进行分析，我们发现正则化算法的引入确实会影响神经网络隐层的编码。早停法通过提前中止训练可避免引入不相关的信息到隐层的编码中，这阻止了过拟合的产生。拉普拉斯、高斯、稀疏响应正则项通过引入先验信息到模型中使得模型的性能得到提升，同时压缩了隐层的编码，降低了表示的不确定性。相反地，Dropout、BN、LN 算法通过神经元之间冗余的表示使得模型的性能得到提升，这与人类大脑感知系统的工作原理相一致。简而言之，合适地利用编码的冗余性可有效提升神经网络的性能。另外，我们分析了这几种正则化算法对逐层编码的影响，得知：①正则化算法的引入影响了神经网络隐层的编码；②神经网络模型的逐层表示可以视为一个马尔科夫链，但冗余的编码使得逐层编码长度不满足信息论中的数据处理不等式；③为有效地完成任务，更深的层采用了更加冗余的表示。

神经网络模型通过多层神经元的连接来完成特定任务，这一工作方式模拟了人类大脑的工作原理，但离完全实现大脑的性能还有相当长的距离。因此，理解神经网络及其组件的工作原理可以有助于我们提出更有效的算法来提升模型的性能。

4 多模块并行的单资产交易深度强化学习算法

第3章我们基于信息论对神经网络以及常用的正则化算法的工作原理进行了分析。接下来，我们将研究深度强化学习算法在智能决策中的应用并对其进行改进。它结合了深度神经网络和强化学习算法二者的优势，2016年AlphaGo在以4∶1的比分战胜人类顶级职业围棋选手李世石后引起广泛关注。随后，深度强化学习算法不仅在电子游戏、棋类、决策控制等领域取得巨大进展，而且该算法被广泛地应用于算法交易，带动了量化金融领域的迅速发展。

到目前为止，已有很多自动交易系统及交易策略基于深度强化学习算法被建立，它可将价格预测与交易信号生成集合在一个系统中。但由于金融市场具有不稳定性，且金融数据的信噪比较低，使得当前的交易系统还面临着很大的挑战。例如，在寻找最优交易策略时，已有的这些强化学习算法只能从当前的市场数据中提取特征，并没有考虑长期市场历史趋势特征。此外，还有大量的相关信息被忽略，如发行公司的基本面数据等。在本章中，我们提出了一个新颖的多模块并行的深度强化学习算法。该算法主要采用“并行多模块”的特征编码机制来编码有效特征，同时利用FC模块和LSTM模块的优点。其中，FC模块被用来从该股票的市场数据以及发行该股票公司的基本面数据中学习当前的状态；LSTM模块被用来从该股票以及相关股票的长期历史数据中提取长期历史信息。我们在A股数据上执行了大量的实验，结果表明我们所提出的算法性能远优于已有最先进的强化学习交易算法的性能。

4.1 引言

算法交易是指利用计算机程序执行一个提前定义好的交易算法或交易逻辑以生成交易信号，并执行订单。相比传统的手动交易，算法交易更加稳定，订单执行速度更快，且不受情绪的影响。随着强化学习的发展，如何将强化学习算法用于金融交易问题已成为研究热点。本章主要关注的问题是基于强化学习算法建立一个单资产交易模型，用于获取更高且更稳定的收益（见图 4－1）。

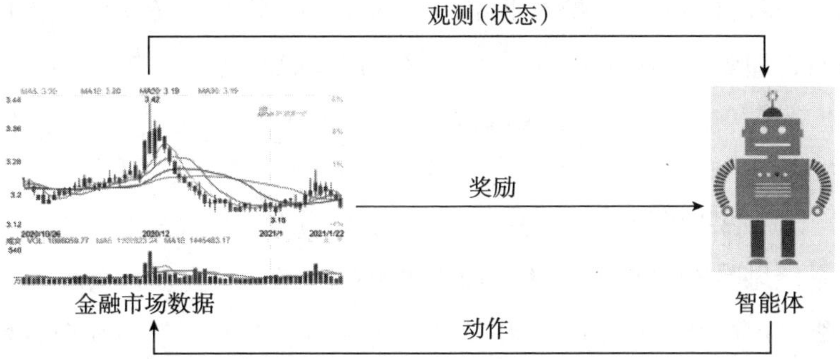

图 4－1　强化学习用于构建交易智能体

在过去几年里，已有许多研究者[116－120]基于强化学习算法建立了一些自动交易算法。例如，Neuneier 等在 1996 年首次将强化学习算法用于外汇交易，取得了比监督学习算法更好的效果[116]。1998 年，Moody 等采用 RNN 来编码金融市场的有效特征，并将其与强化学习算法相结合，提出了一个循环强化学习（Recurrent Reinforcement Learning，RRL）算法用于构建多股票投资组合交易系统[117]。2016 年，Dempster 等提出了一个自适应的强化学习算法用于构建自动的交易系统，取得了稳定的收益且降低了回撤[118]。此后，Deng 等提出了模糊深度强化学习算法，将模糊学习与 RNN 相结合来提取更高级别特征表示，并提出一种基于时间的任务感知反向传播算法，来有效地训练智能体，此算法使其在中国 A 股市场上取得了稳定的收益[119]。接着，Rundo 等将 LSTM 与强化学习算法相结合，采用 LSTM 网络来预测中短期趋势，并在外汇交易上取得了较好的结果[120]。尽管上述算法在不同的金融产品上都取得了良好的收益，但这些智能体仅从市场数据中提取相关特征，并没有充分利用其他相关的信息。另外，金融数据的信噪比较低，且价格变化受外界环境的影响比较大，市场数据中包含的信息是有限的。因此，我们考虑引入更多的相关信息来提高算法的性能。在经典的资本资产定价模型（Capital Asset Pricing Model，CAPM）[121]中，投资组合的期望收益等于无风险收益与风险溢价之和，即：

$$E(R)-R_f=\beta(E(R_m)-R_f)+\varepsilon \tag{4-1}$$

其中，$E(R)$ 为某一资产的期望收益，R_f 为无风险收益，$E(R_m)$ 为市场投资组合的期望收益，通常用所有股票的平均收益率来代替。β 为该资产的系统风险系数，即资产的价格变化相对于整个市场的波动，可表示为：

$$\beta=\frac{\mathrm{Cov}(E(R),E(R_m))}{\mathrm{Var}(E(R_m))} \tag{4-2}$$

ε 为这一资产的随机误差项。从式（4-1）中可看出，某一资产的期望收益与市场系统风险密切相关。基于前人的研究工作[122]可知，系统风险与经济、地缘政治以及多种金融因素有关，这些因素带来的影响都会直接反映在相关股票的价格上。同时，同一行业股票受到的影响类似，这导致金融产品的价格波动间具有很强的关联性。因此，智能体在进行决策时应考虑同一行业相关股票的价格序列。

之后的一些研究工作[123-125]指出 ε 可视为非系统风险，记为 α，可通过式（4-3）来计算：

$$\alpha=E(R)-R_f-\beta(E(R_m)-R_f) \tag{4-3}$$

非系统风险是某一企业或行业特有的风险，如企业的管理问题或上市公司的劳资问题等导致上市公司经营利润的下降甚至发生亏损，从而引起股价的向下调整。而企业的财务报表全面系统地揭示了该企业在一定时期内的财务状况、经营成果以及现金流量，可使投资者快速地分析企业的盈利能力、偿债能力、投资收益以及发展前景等，可为投资等决策提供一定的依据。因此，在智能体进行决策时，这些基本面数据所包含的信息是非常重要的。

本章提出一种新颖的强化学习算法用于单资产交易，称为并行多模块特征编码的强化学习（Parallel Multi – Module Deep Reinforcement Learning，PMMRL）算法。基于上述分析，除交易股票的价格序列外，相关股票的价格序列以及发行公司的基本面数据对于智能体来说也是非常重要的。考虑到这些数据的特性，我们采用 LSTM 模块和 FC 模块同时提取并编码相关特征。详细来说，FC 模块被用于从交易股票的市场数据及发行公司的基本面数据中提取该股票的当前状态特征，LSTM 模块被用于从相关股票的历史价格序列中提取市场的长期趋势特征。这种并行的特征编码方式使得智能体在进行决策时不仅可以认识到当前的市场状态，而且考虑了市场的长期历史趋势。

本章剩余小节的内容组织如下：首先，第 4.2 节概述了 PMMRL 算法用于单资产交易时的状态空间、行动空间、奖励函数，然后详细阐述了PMMRL算法的详细步骤；其次，第 4.3 节进行了大量的实验来对比 PMMRL 算法和其他几个最先进的算法用于单资产交易任务时的性能，并通过消融实验来说明“并行多模块”结构的有效性；最后，第 4.4 节对本章工作进行总结。

4.2 用于单资产交易的 PMMRL 算法

对于单资产交易算法，本章研究主要基于以下两个假设：

- 智能体所产生的交易信号不会对市场产生任何冲击；
- 智能体所执行的买入/卖出操作都以当日收盘价作为买入/卖出价格，且一定可以成交。

我们首先介绍如何将强化学习算法用于单资产交易，这里，我们用股票作为交易产品。投资者通过买入或者卖出股票不断地与金融市场环境产生交互，同时获得来自环境的奖励，即实时账户的盈利或损失，因此股票交易可以看作一个马尔科夫决策过程（Markov Decision Process），记为 $M = (\mathcal{S}, \mathcal{A}, \mathcal{T}, \gamma, R)$。其中，$\mathcal{S}$ 为状态空间，$\mathcal{A}$ 为行动空间，$\mathcal{T}$ 为转移概率，$\gamma \in (0,1]$ 为折扣因子，R 为瞬时奖励。即在给定状态 $s_t \in \mathcal{S}$ 下，智能体执行动作 $a_t \in \mathcal{A}$，且依概率 $P_{s_t,a_t}(s_{t+1}) \in \mathcal{T}$ 转移到一个新的状态 $s_{t+1} \in \mathcal{S}$，智能体将会获得相应的奖励 $R(s_t, a_t, s_{t+1})$。通过智能体与金融环境不断地进行交互，我们将会得到一个交互轨迹 $\tau = \{s_0, a_0, R_0, s_1, a_1, R_1, s_2, a_2, R_2, \cdots, s_T, a_T, R_T\}$，$T$ 为投资期限。但由于投资期限为有限时间长度的，每一步的收益可从交互轨迹中直接获得，故 $\gamma = 1$ 。因此，t_0 时刻的累积回报可表示为：

$$J_{t_0} = \sum_{t=t_0}^{T} R_t \tag{4-4}$$

其中，R_t 为 t 时刻的瞬时奖励。

4.2.1 状态空间、行动空间以及奖励函数

接下来，我们将详细地介绍 PMMRL 算法的三个主要组成部分：状态空间、行动空间以及奖励函数。PMMRL 算法的**状态空间**主要包括五部分：

（1）当前市场特征。

$S_{1,t} = [High_t, Open_t, Low_t, Close_t, Volume_t, MA_t, MACD_t, RSI_t, OBV_t]$

其中，前 5 个特征分别为该股票 t 时刻的最高价、开盘价、最低价、收盘价以及成交量；MA_t 、$MACD_t$ 、RSI_t 和 OBV_t 为 t 时刻的技术指标，分别为：移动平均线、指数平滑移动平均线、相对强弱指数、能量潮。

（2）当前基本面数据 $S_{2,t}$ ，共包含 14 个属性值：总利润、净利润、总市值、流通市值、营业总收入、营业总成本、营业利润、综合收益总额、每股收益、股本回报率、资产收益率、换手率、市盈率、市净率。这些数据反映了公司的经营状况。

（3）长期历史趋势 $S_{3,t} = \{P_{t,i}^k\}_{i=0}^n$ ，这是交易股票与相关股票的历史收盘价序列，其中 n 为相关股票的总个数。$P_{t,i}^k$ 为股票 i 在时刻 t 的收盘价序列，其窗口大小为 k 。我们通过格点法搜索，同时考虑到计算速度，将 k 设为 30 个交易日。

（4）当前仓位 $h_t \in 100 \times Z$ ，其中 Z 为整数，100 为 A 股的交易单位。h_t 的引入可以使智能体意识到当前的持仓情况，来避免频繁的交易，以减少手续费。

（5）账面盈利和亏损（Unrealized Profit and Loss，uPNL）$b_t \in R_+$ ，其中 R_+ 为非负实数。它的引入是为了使智能体在平仓前了解当前仓位的 uPNL，可由式（4－5）计算得出：

$$b_t = \begin{cases} \dfrac{p_t - p_{buy}}{p_{buy}} & , \quad h_t > 0 \\ 0 & , \quad h_t = 0 \end{cases} \tag{4-5}$$

其中，p_t 为当前时刻 t 时的收盘价，p_{buy} 为当前仓位的买入价或成本价。

在 PMMRL 算法中，智能体的**行动空间**包括买入、卖出以及持有三个动作，记为 $a \in \{+1, -1, 0\}$ 。当动作为 +1 且仓位为 0 时，智能体将会全仓买入股票；当动作为 -1 且仓位大于 0 时，智能体将会卖出所有仓位；当动作为 0 时，智能体不会采取任何动作。值得注意的是，这里不存在“加仓”以及“做空”操作。

另外，智能体在 t 时刻执行一个动作可获得的**瞬时奖励**为：

$$r_t = \begin{cases} -f_1 & , \quad a_t = 1 \\ p_t - p_{buy} - f_2 & , \quad a_t = -1 \\ p_t - p_{buy} & , \quad a_t = 0, h_t > 0 \end{cases} \tag{4-6}$$

其中，p_t 为 t 时刻的收盘价，p_{buy} 为当前仓位的成本价，f_1、f_2 分别为买入和卖出股票的手续费。

4.2.2　PMMRL 算法介绍

受到一些理论金融模型[121-125]，特别是受 CAPM 模型的启发，投资的期望收益不仅与交易股票价格有关，而且与发行公司的基本面数据以及行业内相关股票价格相关。因此，合理地引入并编码有效信息是非常重要的。

考虑到数据自身的特性，我们提出了一个并行的特征编码结构用于强化学习算法，并提出了多模块并行的深度强化学习（Parallel Multi - Module Deep Reinforcement Learning，PMMRL）算法，如图 4-2 所示。该算法采用 FC 模块和 LSTM 模块同时编码相关特征，即 FC 模块用于提取交易股票的当前状态，记为 $s_{current} = FC(S_1, S_2)$ 。另外，来自同一个行业的股票会受到类似的经济、地缘政治以及金融因素等的影响，因此我们从这些价格序列中提取与系统风险相关的特征。其中，LSTM 模块被用来提取整个行业的长期历史趋势特征，记为 $s_{history} = LSTM(S_3)$ 。我们将这些特征拼接在一起得到新特征，即 $\mathcal{S}^{new}=\{\mathcal{S}_{current},\mathcal{S}_{history},h_t,b_t\}$ 。这里，h_t 和 b_t 的引入是为了让智能体意识到当前的仓位和 uPNL。以这种方式让智能体在采取行动时，不仅可以了解当前的市场状态，还可以了解长期历史趋势。在意识到整个市场状态后，智能体通过与环境持续地进行交互来寻找最优策略。整个 PMMRL 算法的详细步骤如算法 4－1 所示。

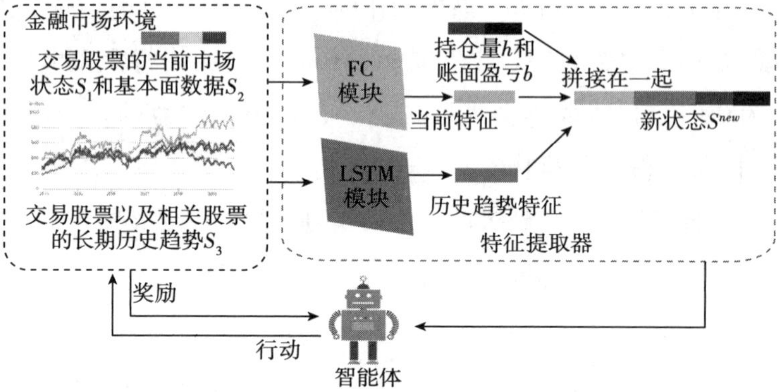

图 4－2　PMMRL 算法结构

Input: 环境 *Env*

Output: 最优策略 π

初始化容量为 N 的 Replay Buffer D

初始化价值网络 Q_θ 和目标网络 $Q_{\theta'}$

for $episode=1,2,\cdots,M$ **do**

　初始化当前市场特征 S_1，基本面特征 S_2 以及历史趋势特征 S_3

　预处理状态 $\mathcal{S}_{current}=FC(S_1,S_2)$ 和 $\mathcal{S}_{history}=LSTM(S_3)$

　将所有特征并联在一起，得到新状态 $\mathcal{S}^{new}=\{\mathcal{S}_{current},\mathcal{S}_{history},h_t,b_t\}$

　for $t=1,\ldots,T$ **do**

　　以概率 ϵ 随机选择一个动作 a_t；或者根据模型选择当前最优动作 a_t

　　在环境 *Env* 下执行动作 a_t，得到新一轮状态 $\mathcal{S}_{t+1}^{new}$ 和回报 r_t

　　将 $\{\mathcal{S}_t^{new},a_t,r_t,\mathcal{S}_{t+1}^{new}\}$ 存储到 D 中

　　从 D 中随机采样一批样本 $(\mathcal{S}_i^{new},a_i,r_i,\mathcal{S}_{i+1}^{new})$

　　计算

$$y_i=\begin{cases} r_i, & \text{若 episode 在 } i+1 \text{ 步终止,} \\ r_i+\gamma\max_a Q_{\theta'}(s_{i+1},\operatorname{argmax}_a Q_\theta(s_{i+1},a)), & \text{其他.} \end{cases}$$

　　根据目标函数 $(y_i-Q_\theta(\mathcal{S}_i^{new},a_i))^2$ 用梯度下降法求解

　　每隔 C 轮完成梯度更新 $\theta'\leftarrow\theta$

　end

end

算法 4－1　用于股票交易的 PMMRL 算法

4.3　实验

在这一部分，我们在 A 股股票数据上进行回测，以对比 PMMRL 算法与几种已有的先进算法的性能，进而说明我们所提出的算法的有效性和优越性。

4.3.1　实验数据和实验设置

我们从聚宽[126]平台上收集股票的日交易数据以及发行公司的基本面数据，这是一个在线的量化交易平台，提供了从 2005 年到现在为止沪深交易所上市的所有股票数据。我们从不同的行业中随机地选择了几只股票，如表 4－1 所示。所采用的数据包含两部分：一个是当前状态，包含了交易股票的市场数据以及基本面数据；另一个是长期市场趋势，反映在相关股票的历史价格序列上。基于股票日收益的皮尔森相关系数，我们从同一个行业中选取了几只最为相关的股票，如表 4－1 所示。从图 4－3 中我们可看出它们的趋势非常相似但略有不同，有一些股票对市场的波动更加敏感且反应更迅速。因此，采用相关股票的历史价格序列来表示历史市场趋势是非常合理的。市场数据包含开盘价、收盘价、最高价、最低价、成交量以及几个技术指标（见附录 A）。基本面数据来源于发行公司的财务报表，共包含了 14 个特征，如市盈率、市净率、周转率、市值、流通市值、总营业收入等。注意，除了各种比率及成交量外，上述特征的单位都是人民币元，成交量的单位是股。

表 4－1　股票信息

交易股票	行业/股票名称	相关股票	训练期	测试期
000568. SZ	白酒/泸州老窖	000858. SZ, 600519. SH, 600809. SH, 000860. SZ	2005 年 01 月 01 日至 2016 年 04 月 19 日	2016 年 04 月 20 日至 2019 年 12 月 31 日
000768. SZ	飞机制造/中航西飞	600038. SH, 600391. SH, 002013. SZ, 600316. SH	2007 年 01 月 01 日至 2016 年 10 月 10 日	2016 年 10 月 11 日至 2019 年 12 月 31 日
000860. SZ	白酒/顺鑫农业	000858. SZ, 600809. SH, 000568. SZ, 000799. SZ	2005 年 01 月 01 至 2016 年 04 月 19 日	2016 年 04 月 20 至 2019 年 12 月 31 日

续表

交易股票	行业/股票名称	相关股票	训练期	测试期
002032. SZ	家电/苏泊尔	002035. SZ, 600690. SH, 000521. SZ, 000651. SZ	2005 年 01 月 01 日至 2016 年 04 月 19 日	2016 年 04 月 20 日至 2019 年 12 月 31 日
600000. SH	银行/浦发银行	600036. SH, 600015. SH, 600016. SH, 000001. SZ	2005 年 01 月 01 日至 2016 年 04 月 19 日	2016 年 04 月 20 日至 2019 年 12 月 31 日
600036. SH	银行/招商银行	600000. SH, 600016. SH, 600015. SH, 000001. SZ	2005 年 01 月 01 日至 2016 年 04 月 19 日	2016 年 04 月 20 日至 2019 年 12 月 31 日
600498. SH	科技/烽火通信	600522. SH, 600487. SH, 000988. SZ, 600776. SH	2005 年 01 月 01 日至 2016 年 04 月 19 日	2016 年 04 月 20 日至 2019 年 12 月 31 日
601628. SH	保险/中国人寿	601601. SH, 601318. SH, 600291. SH, 000627. SZ	2008 年 01 月 01 日至 2016 年 12 月 30 日	2017 年 01 月 03 日至 2019 年 12 月 31 日

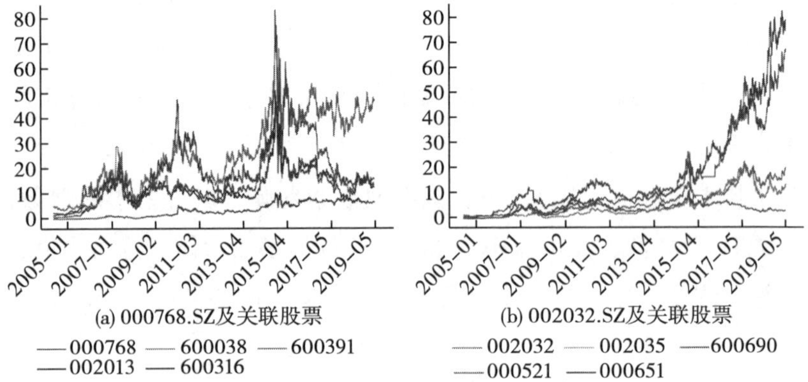

图 4－3　交易股票和相关股票的日收盘价序列

注：横坐标是日期，纵坐标为价格/元。

整个数据分为两部分：前 75% 的数据为训练集，剩余 25% 的数据是测试集。每个智能体都被训练了 20 个回合，初始资金为 100000 元，买入和卖出股票的交易手续费分别为 0. 1% 和 0. 2% 。

考虑到价格趋势可以分为“涨/跌/平”三种类型，LSTM 模块被设为具有三个隐藏神经元的一个隐层网络，遗忘门、输入门和输出门采用双曲正切（tanh）函数作为激活函数，循环层的激活函数为 hard sigmoid 函数。

FC 模块为具有 24 个隐层神经元的一个隐层网络，其激活函数为 ReLU。智能体可通过这两个并行的模块来编码当前的状态，记为 s^{new}，我们采用 DDQN 算法来训练该智能体，其结构如图 4－4（a）所示。其中，Q 网络和目标网络均设为如图 4－4（b）所示的全连接网络。该网络一共有四层，每一层分别有 24、48、96 和 4 个神经元，用于从状态 s^{new} 中学习奖励函数和动作函数。前三层的激活函数为 ReLU，最后一层的激活函数为线性激活函数。回放缓存区 D 的容量 N 被设为 3000，用来保存交互的样本信息。我们基于 Tensorflow[127] 采用 Adam 优化器来训练该智能体，学习率设为 0.001。

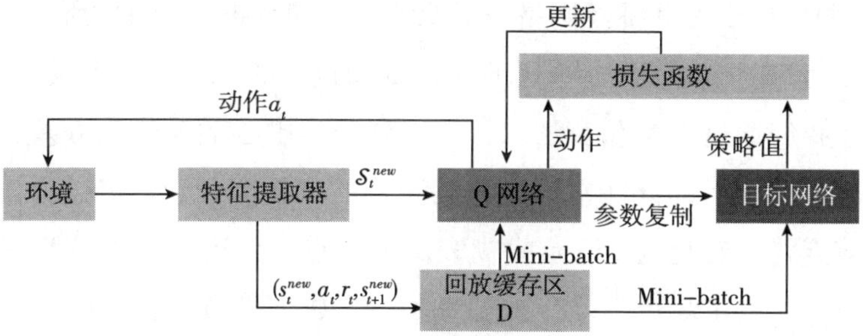

（a）DDQN算法

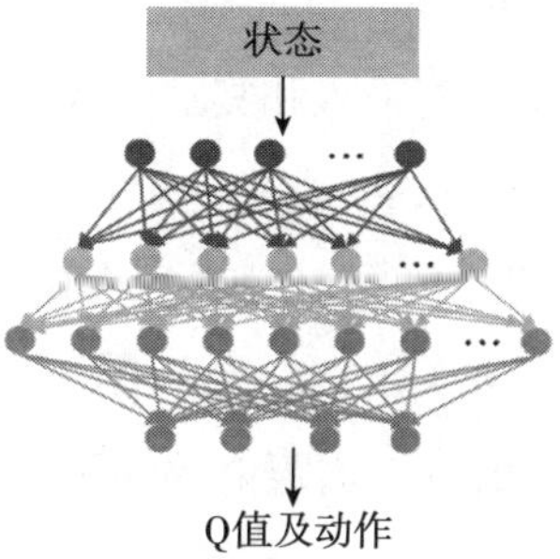

（b）Q网络和目标网络

图 4－4　DDQN 算法的结构

4.3.2　基准算法

· **买入并持有**（Buy and Hold，B&H）[128] 是一个被动投资策略，忽视短期金融市场的波动及衰退，专注于长期成长与收益率。即投资者在交易开始时买入股票并持有它们直至投资期限结束。

·**双指数移动平均线**（Double Exponential Moving Average，DEMA）[129]是一个经典的投资策略，主要基于 DEMA 指标与收盘价之间的关系。该指标可表示为：

$$DEMA_t = 2 \times EMA_t^k(p_t) - EMA_t^k(EMA_t^k(p_t)) \tag{4-7}$$

其中，$EMA_t^k(p_t)$ 为收盘价 p_t 的指数移动平均值，k 为回溯期且被设为 14。当价格高于 DEMA 值时，上升趋势被确认，投资者将会买入股票；当价格低于 DEMA 值时，下降趋势被确认，投资者将会卖出股票。

·**模糊深度强化学习**（Fuzzy Deep Direct Reinforcement，FDDR）算法[119]利用模糊学习和神经网络来提取特征，如图 4－5（a）所示。输入特征的维度为 50，包含过去 45 天的收盘价和过去 3、5、7、15 及 30 天的动量变化。我们通过 K 均值算法来计算得到聚类中心的均值和方差，并以此来初始化模糊表示部分（左边深色模块）的隶属度函数。经过该模块，50 个输入节点将会转化为 150 个模糊表示的节点。深度表示部分为 4 个全连接层，每一层有 128 个、128 个、128 个和 20 个隐节点；相应的激活函数被设为 sigmoid 函数。该智能体通过任务感知 BPTT 算法来训练。

·**价格尾随的强化学习**（Reinforcement Learning with Price Trailing，RLPT）算法[130]提出了一个新颖的状态输入和奖励函数。每一个状态表示为：

$$S_t = [p_t - h_t + m, h_t - p_t + m, a_{t-1}] \in R^5$$

其中，p_t 是 t 时刻的收盘价，h_t 是 t 时刻的仓位，m 是一个常数，设为 0.01，$a_{t-1} \in \{[1,0,0],[0,1,0],[0,0,1]\}$ 为最后一步执行的动作，前两个值分别是当前的估计值与上边距值、下边距值的间距。基于仓位的奖励函数为：

$$r_t^{(p)} = \begin{cases} \dfrac{h_t - p_t + m}{m}, & \text{当} h_t \leqslant p_t \text{时} \\ \dfrac{p_t - h_t + m}{m}, & \text{其他} \end{cases} \tag{4-8}$$

最终的奖励可通过式（4－9）计算：

$$r_t = \begin{cases} r_t^{(p)} - |r_t^{(p)}| \times f, & \text{当} \delta_t = 1 \text{时} \\ r_t^{(p)}, & \text{其他} \end{cases} \tag{4-9}$$

其中，f 为佣金，当智能体的价格趋势估计从上升趋势变为下降趋势时，$\delta_t = 1$；反之，$\delta_t = 0$。我们采用 DDQN 算法来训练智能体，所采用的 Q 网络和目标网络具有相同的配置，即该神经网络具有四个隐层，每层分别有 64 个、64 个、64 个和 3 个节点，与图 4－4（b）的结构相类似。前三层的激活函数为 PReLU 函数，最后一层没有激活函数。该网络的输出为 Q 值。

· **门控深度 Q 学习**（Gated Deep Q－Learning，GDQN）算法[131]将门控循环单元与强化学习算法相结合，利用门控循环神经网络来提取特征。输入特征包含开盘价、收盘价、最高价、最低价、成交量及几个技术指标，且被归一化为 20 维的向量；特征的时间窗口大小为 10 天。该策略采用 GDQN 算法来训练智能体，Q 网络和目标网络具有相同的结构，即具有 5 个全连接的隐层，如图 4－5（b）所示。经过第一个 GRU 层和 Dropout 层后，输出特征的大小为（10，32）；经过第二个 GRU 层和 Dropout 层后，输出特征的大小为 32；最后一个具有 3 个隐节点的线性层输出为 Q 值。智能体选取最大的 Q 值所对应的动作。训练过程中，Dropout 的比例为 20%。

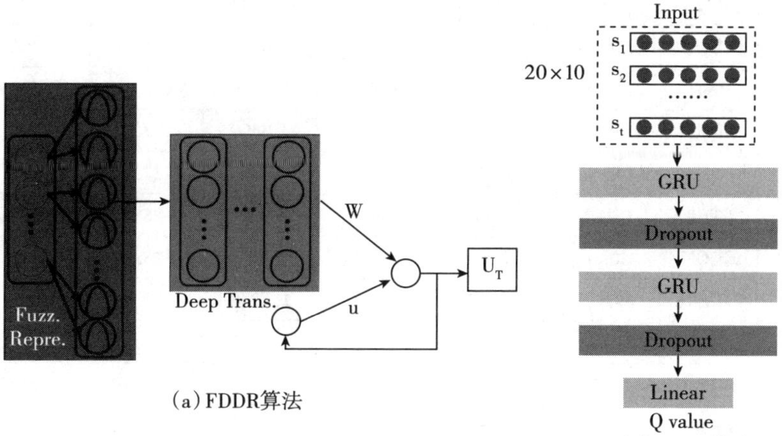

（a）FDDR算法

（b）GDQN算法

图 4－5　基准算法

4.3.3　实验结果

在这一部分，我们在 A 股市场上进行了大量的实验，用来验证所提出的 PMMRL 算法的有效性。这里，我们采用 DDQN 算法来训练该智能体。PMMRL 算法和几个基准算法的结果如表 4－2 所示，表中所采用的度量指标的具体含义如附录 B 所示。同时，图 4－6 展示了买卖不同股票的总资产变化过程。

表 4－2　PMMRL 算法和几个基准算法在不同股票上的性能评估

股票代码	方法	累计收益率/%	夏普率	索提诺比率	Calmar 比率	最大回撤/%	最长回撤天数
000568. SZ	B&H	302. 96	1. 23	1. 95	0. 9123	－50. 16	448
	DEMA	59. 76	0. 64	1. 03	0. 4096	－32. 97	402
	FDDR	120. 68	0. 81	1. 25	0. 4588	－52. 01	484
	PTRL	－1. 43	0. 10	0. 14	－0. 0088	－43. 88	778
	GDQN	142. 41	1. 29	2. 18	1. 0562	－25. 61	512
	PMMRL	**475. 89**	**1. 85**	**3. 11**	**2. 4753**	**－24. 46**	**245**
000768. SZ	B&H	－22. 88	－0. 09	－0. 12	－0. 1533	－50. 51	993
	DEMA	10. 91	0. 26	0. 41	0. 1365	－23. 93	480
	FDDR	17. 34	0. 32	0. 44	0. 1301	－39. 1	987
	PTRL	－1. 74	－0. 04	－0. 05	－0. 0465	**－11. 72**	664
	GDQN	－21. 56	－0. 08	－0. 11	－0. 1441	－50. 40	993
	PMMRL	**63. 04**	**0. 72**	**1. 05**	**0. 6466**	－25. 34	**266**
000860. SZ	B&H	263. 57	1. 11	1. 81	1. 1550	－36. 16	648
	DEMA	156. 61	1. 08	1. 94	0. 8609	－33. 71	703
	FDDR	144. 68	0. 91	1. 47	0. 7395	－37. 01	**161**
	PTRL	151. 04	0. 91	1. 49	0. 9791	－28. 86	637
	GDQN	50. 07	0. 74	1. 07	0. 4554	**－25. 47**	411
	PMMRL	**371. 78**	**1. 40**	**2. 36**	**1. 5343**	－33. 96	351
002032. SZ	B&H	219. 78	1. 09	1. 82	1. 6861	－21. 90	260
	DEMA	7. 58	0. 2	0. 32	0. 0777	－25. 70	767
	FDDR	124. 42	0. 85	1. 41	1. 0120	－24. 14	330
	PTRL	0. 77	0. 07	0. 11	0. 0275	**－7. 59**	1016
	GDQN	275. 10	1. 55	2. 87	2. 4011	－17. 89	271
	PMMRL	**533. 42**	**1. 86**	**3. 38**	**4. 0783**	－15. 87	**155**

续表

股票代码	方法	累计收益率/%	夏普率	索提诺比率	Calmar 比率	最大回撤/%	最长回撤天数
600000. SH	B&H	7. 70	0. 20	0. 31	0. 0619	-32. 69	896
	DEMA	10. 02	0. 26	0. 41	0. 0761	-34. 34	896
	FDDR	12. 40	0. 27	0. 41	0. 1070	-30. 01	701
	PTRL	-6. 48	-0. 60	-0. 73	-0. 2440	**-7. 35**	1334
	GDQN	21. 20	0. 39	0. 61	0. 1672	-31. 91	542
	PMMRL	**97. 89**	**1. 46**	**2. 47**	**1. 9494**	-10. 40	**196**
600036. SH	B&H	148. 89	1. 14	1. 79	0. 9965	-28. 06	416
	DEMA	94. 23	1. 11	1. 83	1. 2332	-15. 94	**167**
	FDDR	16. 17	0. 33	0. 47	0. 1616	-25. 59	693
	PTRL	111. 94	0. 99	1. 54	0. 8417	-26. 75	416
	GDQN	80. 69	1. 14	1. 84	1. 5836	**-10. 95**	301
	PMMRL	**365. 95**	**2. 03**	**3. 35**	**1. 8424**	-28. 01	381
600498. SH	B&H	21. 49	0. 33	0. 47	0. 1382	-39. 15	777
	DEMA	-26. 54	-0. 24	-0. 35	-0. 2188	-36. 60	1208
	FDDR	35. 40	0. 43	0. 60	0. 3127	-27. 30	525
	PTRL	10. 59	0. 26	0. 36	0. 1183	-23. 32	774
	GDQN	-0. 55	0. 11	0. 16	-0. 0057	-26. 32	628
	PMMRL	**394. 39**	**1. 62**	**2. 53**	**2. 5781**	**-20. 98**	**111**
601628. SH	B&H	44. 82	0. 58	0. 89	0. 3222	-40. 89	712
	DEMA	34. 86	0. 58	1. 0	0. 3011	-34. 91	602
	FDDR	69. 32	**0. 97**	**1. 51**	**0. 9201**	**-20. 92**	497
	PTRL	67. 40	0. 86	1. 36	0. 6786	-27. 69	**469**
	GDQN	37. 03	0. 51	0. 79	0. 2698	-41. 16	713
	PMMRL	**69. 66**	0. 78	1. 23	0. 4671	-41. 37	694

4. 3. 3. 1 性能分析

根据以上结果，我们可看出在几乎所有的股票上，PMMRL 算法的累计收益率远高于其他几个基准算法。对比表 4 - 2 中 000568. SZ 的结果，PMMRL 算法的累计收益率已经达到 475. 89%，远超其他几个算法。同时，

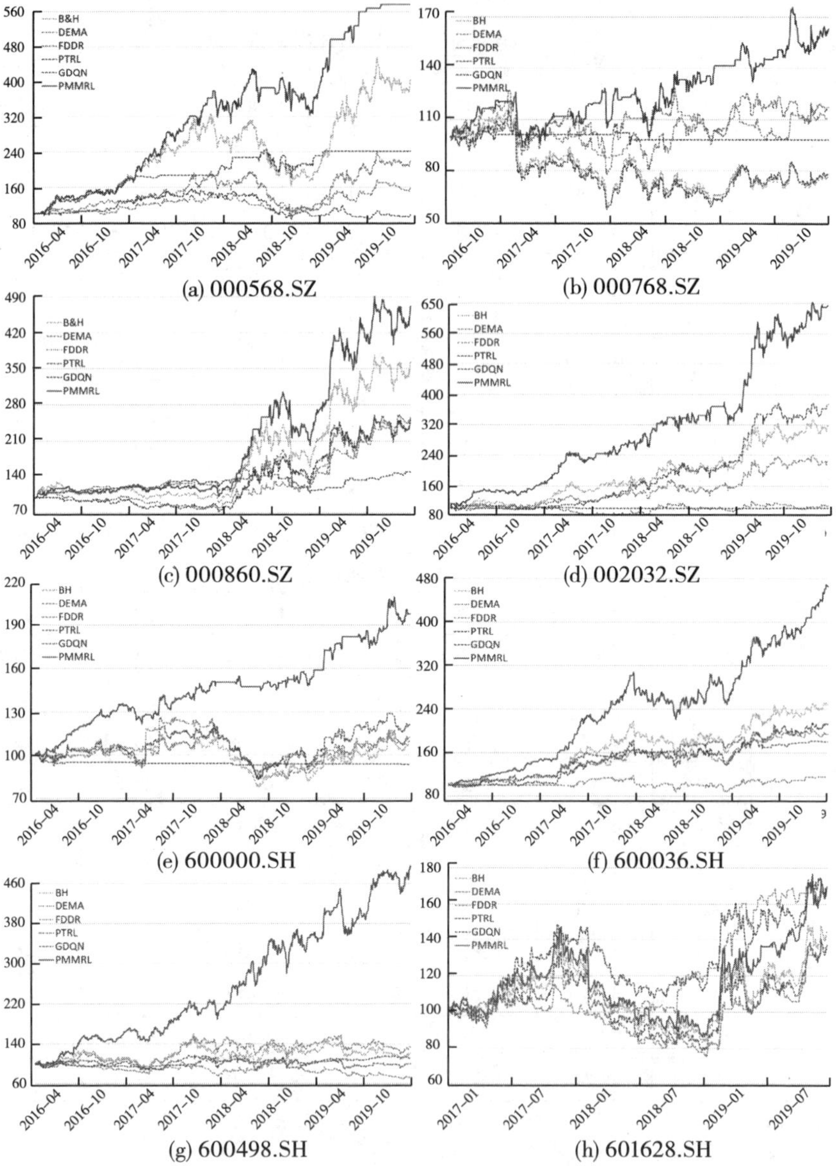

(a) 000568.SZ　(b) 000768.SZ

(c) 000860.SZ　(d) 002032.SZ

(e) 600000.SH　(f) 600036.SH

(g) 600498.SH　(h) 601628.SH

图 4－6　不同算法总资产变化的对比

注：横坐标是日期，纵坐标是总资产值，单位是 1000 元。

夏普率也取得了很大的提升，这说明投资者每承担一单位的风险，所获得的收益更高。此外，当采用 PMMRL 算法来寻求最优交易策略时，索提诺比率以及 Calmar 比率也提高了很多，同时，MDD 和最长回撤天数也降低了很多。在 000768. SZ 的结果中，与其他几个算法相比，虽然 PMMRL 算法的 MDD 值不是最小的，但它的累计收益及夏普率取得了大幅提升。从表 4 -2 的其他几组实验中也可以得到类似的结论，这些实验结果充分说明了 PMMRL 算法的优越性，即 PMMRL 算法可有效地提升智能体的性能并获得一个更加稳定的收益。

同时，图 4 -6 刻画了由不同算法产生的最优交易策略的总资产变化过程。B&H 策略的资产曲线本质上反映了股票价格的变化情况，PMMRL 曲线表示 PMMRL 算法。显然，从图中可以看出，在几乎所有的结果中，PMMRL 曲线高于其他几条曲线。并且不论价格如何波动，PMMRL 曲线都保持上升且很少出现急剧下跌的情况。值得注意的是，从图 4 -6（e）中可看出，600000. SH 的价格从 2018 年年初开始下跌，相应地，PMMRL 算法的资产值只产生了略微的波动，但其他几个基准算法的总资产值出现了急剧下降的情况，这说明在趋势向下市场中，PMMRL 算法更加稳定且性能更好。此外，从这些实验结果中可看出，与几种基准算法相比，PMMRL 算法在上升趋势的市场中可以获得更高的利润。这些结果充分说明了无论市场处于上升趋势还是下跌趋势，PMMRL 算法都可获得更加稳定的收益。

4. 3. 3. 2 交易信号分析

为进一步说明 PMMRL 算法的优越性，在本节中，我们随机选取了一组实验，来比较不同算法所产生的交易点位的差别，如图 4 -7 所示。对比图 4 -7（a）和图 4 -7（d），我们可看出 FDDR 算法在震荡区［图 4 -7（a）中的方框］产生了大量的交易信号，这些频繁的交易带来了大量的损失；而 PMMRL 算法在相同时期内没有产生任何的交易信号。类似的交易信号也出现在 PTRL 和 GDQN 算法中，如图 4 -7（b）和图 4 -7（c）所示。股票 000568. SZ 的价格在 2018 年 7 月附近出现急剧下跌的情况，但是 PTRL 智能体并没有意识到当前的市场状态，仍旧产生了大量的交易信号，这带来了严重的损失，如图 4 -7（b）中的方框所示。另外，在 2019 年 4 月附近，股票价格处于上升趋势，PMMRL 算法产生了大量的交易信号，对比图中的总资产价值曲线（浅色曲线）可看出，这些信号带来了大量的收益；而 GDQN 算法并没有产生任何交易信号，错失了大量的获利机会，如图 4 -7（c）中的方框所示。因此，基于上述分析，PMMRL 算法能够发现几乎所有的有效交易信号，同时获得可观的利润。

在牛市中获利非常容易，但是在熊市或者震荡市中获得稳定的利润并且避免损失是非常困难的。基于以上分析，可得 PMMRL 算法在任何市场状态下都可以获取稳定的利润。

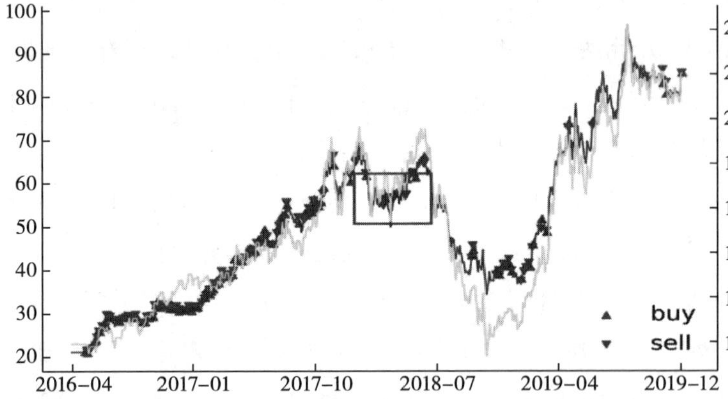

(a) 000568.SZ: FDDR

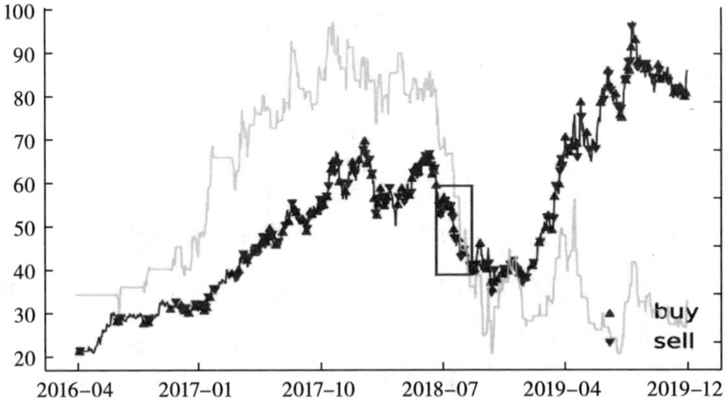

(b) 000568.SZ: PTRL

图 4 -7　不同算法所产生交易信号的比较

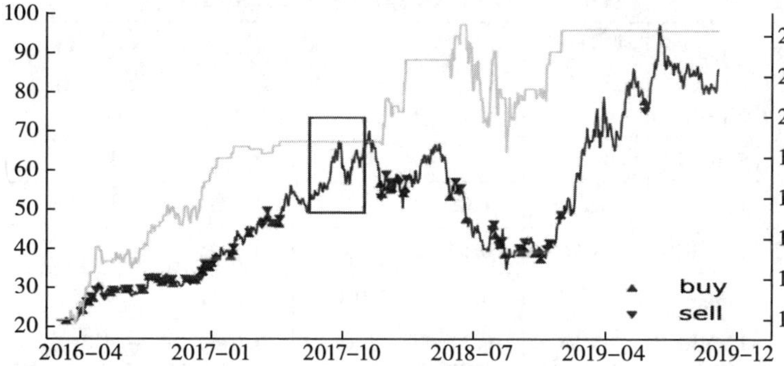

(c) 000568.SZ: GDQN

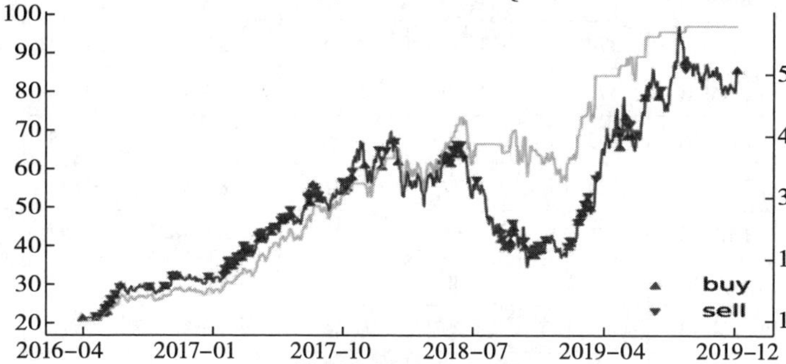

(d) 000568.SZ: PMMRL

图 4－7　不同算法所产生交易信号的比较（续）

注：横坐标是日期；左纵坐标是收盘价，单位为元；右纵坐标为总资产价值，单位为 10000 元。收盘价和总资产分别用深色和浅色曲线表示。

4.3.3.3　消融实验

在本节中我们通过消融实验来说明采用“并行多模块”特征编码方式的有效性，我们随机选取了几组数据集在以下两个算法上进行测试。

· FC－RL 算法只采用了 FC 模块来提取特征，即 $\mathcal{S} = FC(S_1, S_2, S_3)$。智能体的状态输入可记为 $\mathcal{S}^{new} = \{S, h_t, b_t\}$。其中，FC 模块的结构和 PMMRL 算法中 FC 的结构相同，且其他设置也和 PMMRL 算法的设置相同。

· LSTM－RL 算法通过 LSTM 模块和 FC 模块串联的方式来提取特征，即 $\mathcal{S} = FC(LSTM(S_1, S_2, S_3))$。智能体相应的状态输入记为 $\mathcal{S}^{new} = \{S, h_t, b_t\}$。其中，LSTM 模块和 FC 模块的设置与 PMMRL 算法相一致，且模型的其他设置也与 PMMRL 算法相一致。

表 4－3　PMMRL 算法的消融实验结果

股票代码	算法	累计收益率/%	夏普率	索提诺比率	Calmar 比率	最大回撤/%	最长回撤天数
000568. SZ	FC－RL	61. 01	0. 79	1. 22	0. 5004	－27. 46	713
	LSTM－RL	81. 01	1. 61	**5. 57**	**4. 7137**	**－3. 69**	**19**
	PMMRL	**475. 89**	**1. 85**	3. 11	2. 4753	－24. 46	245
000768. SZ	FC－RL	48. 76	0. 56	0. 81	0. 3594	－36. 50	330
	LSTM－RL	－16. 93	0. 02	－0. 03	－0. 1118	－50. 05	993
	PMMRL	**63. 04**	**0. 72**	**1. 05**	**0. 6466**	**－25. 34**	**266**
000860. SZ	FC－RL	347. 01	1. 36	2. 22	1. 4613	－34. 15	**223**
	LSTM－RL	374. 00	1. 34	2. 24	1. 5306	－34. 17	643
	PMMRL	**371. 78**	**1. 40**	**2. 36**	**1. 5343**	－33. 96	351
002032. SZ	FC－RL	247. 48	1. 17	1. 96	1. 8493	－21. 65	233
	LSTM－RL	314. 76	1. 77	3. 31	2. 8388	－16. 52	**147**
	PMMRL	**533. 42**	**1. 86**	**3. 38**	**4. 0783**	**－15. 87**	155
600000. SH	FC－RL	14. 79	0. 30	0. 46	0. 1165	－32. 60	896
	LSTM－RL	13. 77	0. 29	0. 44	0. 1103	－32. 18	819
	PMMRL	**97. 89**	**1. 46**	**2. 47**	**1. 9494**	**－10. 40**	**196**
600036. SH	FC－RL	34. 34	1. 54	**3. 36**	**2. 4274**	**－3. 42**	**57**
	LSTM－RL	252. 16	1. 57	2. 55	1. 4795	－27. 40	415
	PMMRL	**365. 95**	**2. 03**	3. 35	1. 8424	－28. 01	381
600498. SH	FC－RL	24. 72	0. 35	0. 50	0. 1576	－39. 10	777
	LSTM－RL	216. 45	1. 12	1. 64	0. 9826	－37. 22	774
	PMMRL	**394. 39**	**1. 62**	**2. 53**	**2. 5781**	**－20. 98**	**111**
601628. SH	FC－RL	48. 62	0. 62	0. 96	0. 3785	**－37. 41**	711
	LSTM－RL	48. 01	0. 60	0. 94	0. 3377	－41. 47	714
	PMMRL	**69. 66**	**0. 78**	**1. 23**	**0. 4671**	**－41. 37**	**694**

表 4－3 展示了上述算法的实验结果。通过对比 FC－RL 和 LSTM－RL 算法的实验结果，可看出 LSTM 模块的引入使得模型的性能提高，累计收益提升，这说明了采用 LSTM 模块来编码特征的有效性。进一步对比 LSTM－RL与 PMMRL 算法的结果，我们发现 PMMRL 算法的累计收益率和夏普率远高于 LSTM－RL 算法。这两个算法的不同之处在于特征提取以及

编码部分，即 PMMRL 算法根据数据的特性分别采用 LSTM 模块和 FC 模块来编码相应的特征，再将所提取的特征并行地连接在一起；而 LSTM – RL 算法通过 LSTM 和 FC 模块的顺序连接来提取特征。因此，基于以上结果可知，根据数据特征进而采用合适的模块来编码是非常有必要的，这充分说明了“并行多模块”特征编码机制的有效性。

4.4 小结

受经典 CAPM 模型的启发，股票交易的期望收益不仅与所交易的股票的价格相关，而且与发行公司的基本面数据以及相关股票的价格序列相关。考虑到这些数据的特性，本章提出一种新颖的深度强化学习算法，称为多模块并行的深度强化学习算法。该算法同时采用 FC 和 LSTM 模块来编码有效特征，其中，FC 模块从交易股票的基本面数据以及市场行情中提取当前特征；LSTM 模块从交易股票以及相关股票的历史价格序列中提取长期市场趋势特征。这样，当智能体在进行决策时，不仅会考虑当前的状态，而且会考虑市场的长期历史趋势。这种并行特征编码方式远优于其他传统算法。A 股上的实验结果充分说明了 PMMRL 算法在任何市场状态下都可以获得更高的利润且承受的风险更低。

目前，基于强化学习算法建立一个完整的交易系统还有待进一步的研究。本章主要提出了一个用于解决单只股票交易问题的强化学习算法，但由于期货和电子货币并不存在相应的基本面数据，因此如何将该算法用于交易其他金融产品还有待改进。另外，一个完整的交易系统中应该包含风险控制模块，如何合理地将其嵌入该交易系统中还需进一步探索。

5 趋势一致的多智能体投资组合强化学习算法

在上一章中，我们提出了采用并行多模块特征编码的深度强化学习算法来指导单资产交易，该算法主要通过“并行多模块”的方式来识别股票的长期历史趋势以及当前市场状态，但无法用于处理投资组合管理问题。因此，在本章中我们提出基于趋势一致的多智能体深度强化学习算法（Multi－Agent Deep Reinforcement Learning with Trend Consistency Regularization，TC－MARL）来指导智能体进行投资组合管理交易。具体来说，首先，我们提出了趋势一致判别器用于识别投资组合内多只股票的趋势一致性；其次，根据趋势一致性因子分别引入不同的趋势正则项到目标函数中来指导智能体生成交易信号。在这里，有两个不同的智能体分别用于生成不同趋势状态下的交易信号，即当几只股票的趋势一致时，采用智能体 1 进行交易；当股票趋势不一致时，采用智能体 2 进行交易。交易系统会根据股票所处的趋势动态地在这两个智能体之间进行切换，以生成交易策略。在 A 股市场上的回测结果表明所提 TC－MARL 算法可根据市场趋势合理地配置权重，且收益更高，风险更低。

5.1 引言

投资组合管理是量化交易领域的一个核心问题，是指投资者依据市场状态不断地对资产进行分析并调整配置在不同的金融产品（如股票、债券、衍生品及现金）上的资金比例，形成合理的资产配置，以实现收益最大化和风险最小化的经济行为。Markowtiz 于 1952 年首次提出投资组合理论，即均值—方差模型和投资组合有效边界模型，在这里假设投资者是风险厌恶型的，即如果存在两个期望收益相同的投资组合，投资者更倾向于选择风险较低的那一个。基于该假设，建立了资产优化配置的均值—方差模型：

$$\min \operatorname{Var}(r_p) = \sum_{i=1}^{n} \sum_{j=1}^{n} w_i w_j \operatorname{cov}(r_i, r_j)$$

$$\text{s. t.} \begin{cases} r_p = \sum_{i=1}^{n} w_i E(r_i) \\ \sum_{i=1}^{n} w_i = 1 \end{cases} \tag{5-1}$$

其中，$w_i \geqslant 0$，r_p 是投资组合的期望收益，$E(r_i)$ 为单个资产的期望收益。该式给出了投资机会集的有效边界，如图 5 -1 所示。在这条有效的边界曲线上的所有点都是最有效的投资组合点，而在有效边界内各点的投资组合则是非有效的。然而，这个经典的投资组合理论成立是在一定的假设前提下，如市场是无摩擦的，即不存在交易手续费；另外，该理论还假设资产的收益服从正态分布，但真实收益为厚尾分布。最关键的问题是，此类模型不具有预测性，无法根据市场状态来进行实时调整。

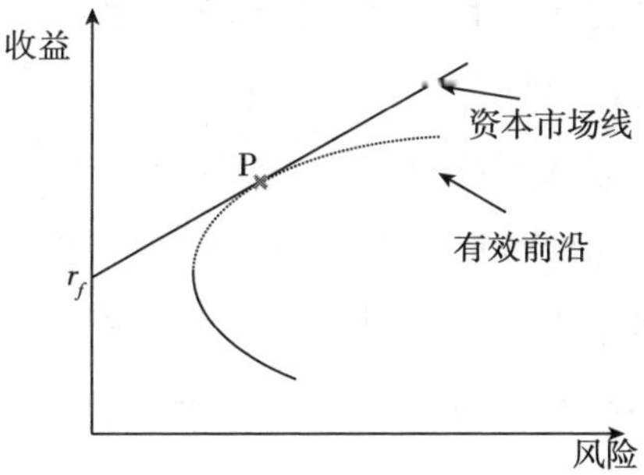

图 5 -1 有效前沿和资本市场线

注：虚线是有效前沿，直线是资本市场线，切点为最优投资组合。r_f 为无风险收益。

随着机器学习算法和高性能计算设备的发展，许多研究者基于深度强化学习算法建立了用于投资组合管理的实时自动交易模型[117,133]。Moody 等首次基于 RRL 算法构建了一个投资组合管理系统，并在标普 500 指数上验证了该系统的性能[117]。Gao 等采用 Q 学习算法来训练智能体，提出一个名为 QSR 的资产管理系统，在外汇市场上产生了可观的收益[133]。Jiang 等将 CNN 与强化学习算法结合，提出了一个用于数字货币的投资组合框架[134]；进一步地，Jiang 等提出了一个 EIIE 框架，并与强化学习算法相结合，在数字货币市场上实现了更高的收益[135]。Liang 等通过在价格数据中引入噪声，提出了对抗深度强化学习算法，不仅提高了交易效率，而且提升了日收益和夏普率[136]。Almahdi 通过将 RRL 算法和粒子群算法相结合，提出了一个动态的多/空限制的投资组合交易系统[137]。在本章中，为了更加精细地刻画市场的状态变化，我们通过采用多个智能体来刻画不同市场趋势状态下的变化。

投资组合的核心是投资者在给定风险的情况下获得最大的收益，但市场是不断波动的，如何根据市场形势合理地将资产配置到不同的金融产品上来获得最大收益仍是一个难点。资本市场受经济、政治和金融等因素的影响，其风险是不断变化的。如果金融产品的价格可以被预测，则其风险是可以被估计的。在这种情况下，为了获取最大的利润，投资者应该配置大部分的资产在最可能获利的（或价格趋势上涨的）金融产品上。具体来说，假设投资者将资产分配在多只股票上，当这几只股票的变化趋势不一致时，即同时存在上涨和下跌的股票，投资者应尽可能地提高配置在上升趋势股票上的权重，降低配置在下降趋势股票上的比例；同时，当这几只股票都处于上升（或下降）趋势时，由于股价的上涨（下跌）幅度难以预测，投资者应尽可能将资产平均地分配在每只股票上。由此，我们提出“趋势一致因子”来描述同一个投资组合中各个股票的趋势是否一致。基于该因子，我们引入趋势一致正则项到目标函数中，来指导智能体去寻找最优策略。最后，我们设计出一个用于投资组合的交易算法——基于趋势一致正则项的多智能体深度强化学习（Multi - Agent Deep Reinforcement Learning with Trend Consistency Regularization, TC - MARL）算法，该算法采用两个不同的智能体分别用于学习股票处于不同趋势状态下的交易策略。我们在中国股票市场上进行了大量的回测实验，对比了已有的几种最先进的投资组合算法，来验证我们所提出的 TC－MARL 算法的优越性。本书的主要贡献如下：

（1）提出了一个趋势一致性判别器用于识别当前时刻多只股票的涨跌趋势是否一致，称为趋势一致性因子。

（2）基于趋势一致性因子，构建了趋势一致正则项；同时提出了一个多智能深度强化学习算法——TC－MARL 算法，该算法根据市场趋势的变化，动态地在两个不同的智能体之间进行切换，以学习最优交易策略。

（3）在 A 股数据上的实验结果充分说明了提出的 TC－MARL 算法不仅可以提高投资组合的收益，而且降低了风险。

5.2 用于投资组合管理的深度强化学习算法

投资组合管理是指投资者合理地将资产配置到几个不同金融产品的过程。假设一个投资组合包含 m 个有风险的资产和 1 个无风险的资产，用 m 个不同的股票作为有风险资产，用剩余的现金作为无风险资产。因此，该投资组合管理的目标是根据市场状态不断地调整配置在这 $m+1$ 个产品上的权重，以获得最大收益。

在强化学习的框架下，投资组合管理可视为一个马尔科夫决策过程，记为 $M=(\mathcal{S},\mathcal{A},\mathcal{P},\gamma,r)$，其中 $\mathcal{S}$ 为状态集，$\mathcal{A}$ 为动作集，$P:\mathcal{S}\times\mathcal{A}\times\mathcal{S}\rightarrow[0,1]$ 为状态转移概率分布函数，$\gamma\in(0,1]$ 为折扣因子，$r:\mathcal{S}\times\mathcal{A}\rightarrow R$ 为瞬时奖励函数。智能体通过策略 π_θ 与环境进行交互，得到动作 $a_t=\pi_\theta(s_t)$。通过持续地与环境进行交互，智能体可得到一个状态行动—价值轨迹，记作 $\{s_1,a_1,r_1,\cdots,s_T,a_T,r_T\}$。智能体的目标是通过最大化累计折扣收益：

$$J(\pi_\theta)=E_{\pi_\theta}[r(s,a)]=E_{\pi_\theta}[r(s,\pi_\theta(s))] \tag{5-2}$$

来学习最优策略 π_θ。

接下来，我们将详细地介绍该投资组合管理问题下的状态空间、动作空间以及奖励函数。

5.2.1 状态空间

我们采用 m 只股票的市场数据来作为状态空间，记为：

$$S_t = \{S_{1,t}, S_{2,t}, \cdots, S_{m,t}\} = \{S_{i,t}\}_{i=1}^{m}$$

其中，$S_{i,t} = [p_{i,t}^{(h)}, p_{i,t}^{(o)}, p_{i,t}^{(l)}, p_{i,t}^{(c)}, V_{i,t}]$ 是第 i 只股票在第 t 天的状态，包含最高价、开盘价、最低价、收盘价和成交量。此外，我们引入上一步的权重到状态空间中以减少交易频率。

5.2.2 动作空间

动作空间是指配置在 $m+1$ 个金融资产上的权重，记为：

$$W_t = \pi_\theta(S_t) = [w_{1,t}, w_{2,t}, w_{3,t}, \cdots, w_{m,t}, w_{m+1,t}]$$

其中，$w_{i,t}(1 \leqslant i \leqslant m)$ 为 t 时刻第 i 只股票的权重，$w_{m+1,t}$ 为 t 时刻无风险资产的权重。在任意时刻这些权重都满足 $\sum_{i=1}^{m+1} w_{i,t} = 1, 0 \leqslant w_{i,t} \leqslant 1$ 成立。此外，$W_0 = [0, 0, \cdots, 1]$ 意味着智能体在投资初始时刻只持有现金。

5.2.3 奖励函数

参考之前的研究[135]，我们用价格相对变化向量来描述价格变化，表示为：

$$y_t = \left(\frac{p_{1,t}^{(c)}}{p_{1,t-1}^{(c)}}, \frac{p_{2,t}^{(c)}}{p_{2,t-1}^{(c)}}, \frac{p_{3,t}^{(c)}}{p_{3,t-1}^{(c)}}, \cdots, \frac{p_{m,t}^{(c)}}{p_{m,t-1}^{(c)}}, 1\right)$$

投资组合的总价值可计算如下：

$$\mathcal{P}_t = \mu_t \mathcal{P}_{t-1} y_t \times W_{t-1} \tag{5-3}$$

其中，μ_t 为交易剩余因子，即扣除手续费之后的剩余资产价值，且 $\mathcal{P}_0 = 1$。t 时刻的对数收益率可记作：

$$r_t = \ln \frac{\mathcal{P}_t}{\mathcal{P}_{t-1}} = \ln(\mu_t y_t \times W_{t-1}) \tag{5-4}$$

t 时刻的资产总价值为：

$$\begin{aligned}\mathcal{P}_T &= \mathcal{P}_{T-1}(\mu_T y_T \times W_{T-1}) \\ &= \mathcal{P}_{T-2}(\mu_{T-1} y_{T-1} \times W_{T-2})(\mu_T y_T \times W_{T-1}) \\ &= \cdots\end{aligned}$$

$$= \mathcal{P}_0 \prod_{t=1}^{T} \mu_t y_t \times W_{t-1} \tag{5-5}$$

每一回合的平均对数累计收益 R 可表示为：

$$R(s_1, a_1, s_2, a_2, \cdots, s_T, a_T) = \frac{1}{T} \ln \frac{\mathcal{P}_T}{\mathcal{P}_0} = \frac{1}{T} \sum_{t=1}^{T} \ln(\mu_t y_t \times W_{t-1}) \tag{5-6}$$

5.3 趋势一致正则项

在本部分，我们将详细地阐述所提出的基于趋势一致的多智能体深度强化学习算法（TC - MARL）。首先，我们介绍用于识别这几只股票在下一时刻趋势是否一致的“趋势判别器”，由此可得到趋势一致性因子。基于此，我们提出趋势一致正则项并引入目标函数中，用于指导智能体不断地对权重进行调节，来获取最大收益。

5.3.1 趋势一致因子

在这一节中，我们引入了一个“趋势一致因子”来描述这些股票的趋势状态。到目前为止，由于股票价格趋势的预测精度较低，且有研究者指出股价的趋势将在短时间内保持不变[138]，因此，我们用过去一段时间内的股票趋势状态来作为下一时刻股票趋势状态的估计。

首先，我们采用一个技术指标——移动平均线（Moving Average，MA）来平滑短期价格波动，记为：

$$MA_{i,t} = \frac{1}{n_1} \sum_{l=t-n_1+1}^{t} p_{i,l}^{(c)}, i = 1, \cdots, m \tag{5-7}$$

其中，n_1 是回溯期，m 是股票的个数。第 i 个股票在第 t 天的趋势定义为：

$$Trend_{i,t}^{(c)} = \begin{cases} 1, & \text{当} p_{i,t}^{(c)} \geq MA_{i,t} \text{时} \\ -1, & \text{当} p_{i,t}^{(c)} < MA_{i,t} \text{时} \end{cases} \tag{5-8}$$

即当收盘价高于相应的 MA 时，该股票现在处于上升趋势；当收盘价低于 MA 时，该股票现在处于下降趋势。如图 5 - 2（a）所示，这 5 只股票在 t 时刻都处于上升趋势，称为趋势一致；在图 5 - 2（b）中，股票 600887 和

600597 在 t 时刻都处于上升趋势，而其他 3 只股票都处于下降趋势，也就是这 5 只股票在 t 时刻的趋势不一致，这被称为趋势不一致。接下来，我们通过数学表示来量化这几只股票在过去一段时间内的趋势状态，以作为下一时刻的趋势估计。

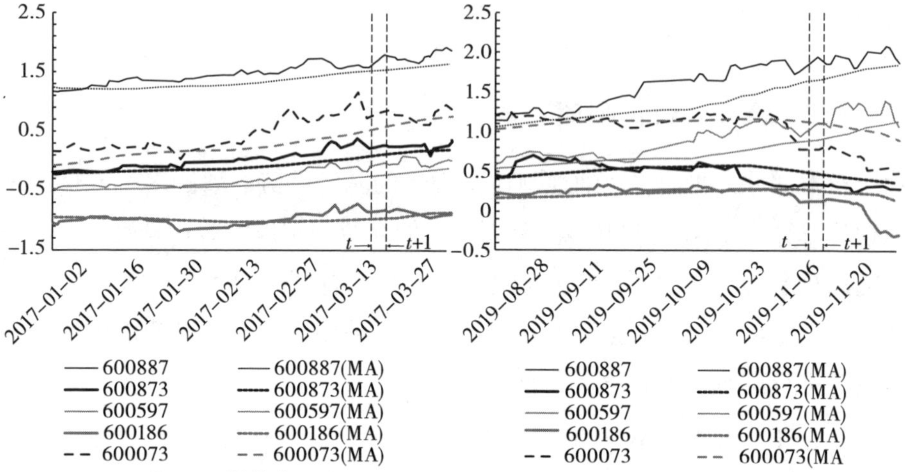

(a) 几只股票的趋势一致　　(b)几只股票的趋势不一致

图 5－2　几只股票的价格序列

由于用一批样本来更新模型可以加快收敛速度，这里，我们给出一个方法来估计一个批量样本的趋势一致因子，以描述这些股票的趋势，如图 5－3 所示。由于一个小批量中的样本点是按照时间顺序进行排列的，我们将这些样本点按时间顺序进行拼接，便可得到一个大小为 $m\times(n_b+t_b-1)$ 的矩阵：

$$\begin{bmatrix} p^{(c)}_{1,t-n_b-t_b+2} & p^{(c)}_{1,t-n_b-t_b+3} & \cdots & p^{(c)}_{1,t} \\ \vdots & & \ddots & \vdots \\ p^{(c)}_{m,t-n_b-t_b+2} & p^{(c)}_{m,t-n_b-t_b+3} & \cdots & p^{(c)}_{m,t} \end{bmatrix} \tag{5-9}$$

因此，该批量的趋势矩阵可表示为：

$$\begin{bmatrix} Tren\ d_{1,t-T_1+1}^{(c)} & Tren\ d_{1,t-T_1+2}^{(c)} & \cdots & Tren\ d_{1,t}^{(c)} \\ \vdots & \vdots & \ddots & \vdots \\ Tren\ d_{m,t-T_1+1}^{(c)} & Tren\ d_{m,t-T_1+2}^{(c)} & \cdots & Tren\ d_{m,t}^{(c)} \end{bmatrix} \tag{5-10}$$

其中，T_1 为回溯期。当趋势矩阵内的元素均为 1（-1），这意味着所有股票都处于上升（下降）状态，即这些股票的趋势一致，记为 1；否则，这些股票的趋势不一致，记为 -1。因此，趋势一致因子可表示为：

$$\kappa_{[1,T]} = \begin{cases} 1, & \text{当这些股票的趋势一致时} \\ -1, & \text{当这些股票的趋势不一致时} \end{cases} \tag{5-11}$$

总的来说，该算法的核心思想是当这些股票的趋势一致时，即 $\kappa = 1$，智能体将会尽可能地分散资产到每只股票上；当这些股票的趋势不一致时，即 $\kappa = -1$，智能体将会把大部分的资产投资到最可能获利的股票上，来获取最大的收益。

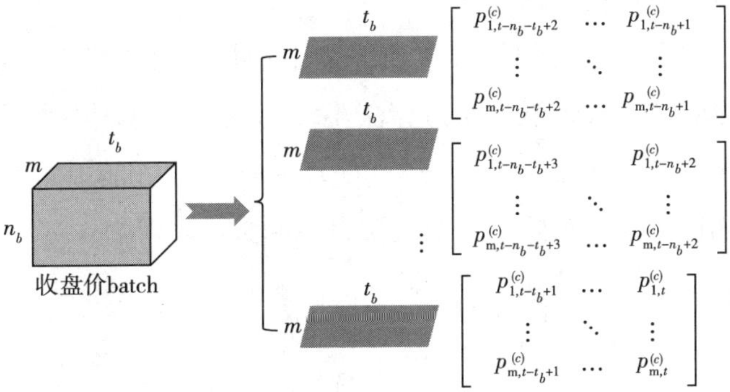

图 5-3 一个批量样本内的收盘价序列

注：m 是股票的个数，t_b 为回溯期，n_b 为批量样本的大小。

5.3.2 趋势一致正则项

基于上述的趋势一致因子，我们引入了一个新颖的正则项到目标函数中，来指导智能体合理地将资产配置在各个股票上，称为趋势一致（Trend Consistency）正则项，可表示为：

$$\lambda \times \kappa_{[1,T]} \frac{1}{T} \sum_{t=1}^{T} \ln(1 - W_{t-1})\ 1_{m+1}^{T} \tag{5-12}$$

其中，$\kappa_{[1,T]} \in \{-1,1\}$ 为基于式（5-11）计算得到的趋势因子，$\lambda > 0$ 为超参数，$1_{m+1} = [1,1,\cdots,1]_{m+1}$ 为一个 $m+1$ 维的单位向量。因此，目标函数可表示为：

$$\begin{aligned}\tilde{J}_{[1,T]}(\theta) &= J_{[1,T]}(\theta) + J_{\lambda,\kappa}(\theta) \\ &= R(s_1,W_1,\cdots,s_T,W_T) + \lambda \times \kappa_{[1,T]} \frac{1}{T}\sum_{t=1}^{T} \ln(1_{m+1} - W_{t-1})\, 1_{m+1}^{\mathrm{T}} \\ &= \frac{1}{T}\sum_{t=1}^{T} \ln(\mu_t y_t \times W_{t-1}) + \lambda \times \kappa_{[1,T]} \frac{1}{T}\sum_{t=1}^{T} \ln(1_{m+1} - W_{t-1})\, 1_{m+1}^{\mathrm{T}}\end{aligned} \tag{5-13}$$

基于策略梯度算法，最优策略可表示为：

$$\pi_\theta^* = \operatorname{argmax}_\theta \tilde{J}_{[1,T]}(\theta) \tag{5-14}$$

具体地，$\kappa_{[1,T]} \in \{-1,1\}$，导致目标函数式（5-13）有两种情况，因此会产生两种不同的策略。

在训练的过程中，我们依次从训练集中选择小批量样本来训练模型，进行参数的更新。与其他强化学习算法不同的是，该算法中小批量样本的数据点是依据时间顺序排列的，记为 $[t_b, t_b+n_b-1]$，其中 n_b 为小批量样本的大小。因此，在训练阶段，该模型目标函数可表示为：

$$\begin{aligned}\tilde{J}_{[t_b,t_b+n_b-1]}(\theta) = &\frac{1}{n_b}\sum_{t=t_b}^{t_b+n_b-1} \ln(\mu_t y_t \times W_{t-1}) + \\ &\lambda \times \kappa_{[t_b,t_b+n_b-1]} \frac{1}{n_b}\sum_{t=t_b}^{t_b+n_b-1} \ln(1 - W_{t-1})\, 1_{m+1}\end{aligned} \tag{5-15}$$

模型中的参数 θ 可通过梯度上升法更新：

$$\theta \leftarrow \theta + \eta \nabla_\theta \tilde{J}_{[t_b,t_b+n_b-1]}(\theta) \tag{5-16}$$

5.3.3 TC-MARL 算法的结构

基于上述的趋势一致正则项，我们提出了一个基于趋势一致的多智能体深度强化学习算法（Multi-Agent Deep Reinforcement Learning with Trend Consistency Regularization，TC-MARL），算法结构如图 5-4 所示，相应的伪代码如算法 5 – 1 所示。该算法的核心思想是依据市场趋势构建两个不同的智能体，系统会根据股票所处的趋势，动态地在这两个智能体之间进行切换，以生成最合理的资产配置方式。

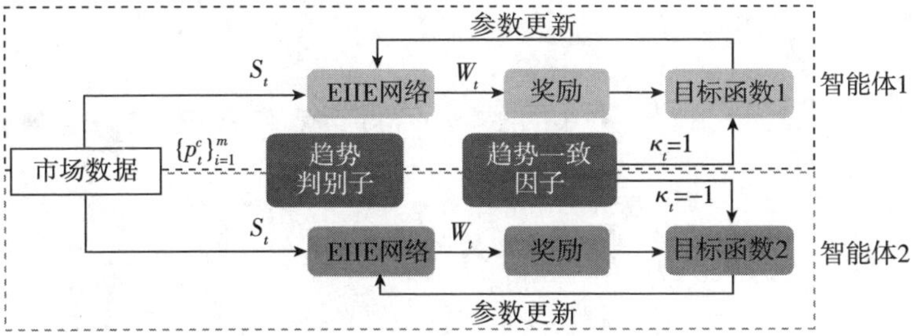

图 5 – 4　TC – MARL 算法的结构

Input: 环境 *Env*

Output: 最优策略 π_{θ_1} 和 π_{θ_2}

分别初始化智能体 1 和智能体 2 的策略模型 $\pi_{\theta_1}(s)$ 和 $\pi_{\theta_2}(s)$

初始化容量为 N 的 Replay Buffer D 和各股票的权重 W_t

for $Step = 1, 2, \cdots, M$ **do**

　随机从 Replay Buffer D 中选取一组小批量样本，记为 $\{(S_{i,t})\}_{t=t_b}^{t_b+n_b-1}, i = 1, ..., m$

　基于该样本的收盘价来计算式 (5-7) 所示的趋势矩阵

　通过公式 (5-8) 来计算该小批量样本的趋势一致因子 $\kappa_{[t_b, t_b+n_b-1]}$

　if $\kappa_{[t_b, t_b+n_b-1]} = 1$ **then**

　　执行动作 $W_t = \pi_{\theta_1}(S_t)$，并观察 S_{t+1}，r_t 和 W_{t+1}

　　将 $\{S_t, W_t, r_t, S_{t+1}\}$ 存储在 D 中

　　计算目标函数 $J_{[t_b, t_b+n_b-1]}(\theta_1) + \lambda \frac{1}{n_b} \sum_{t=t_b}^{t_b+n_b-1} \ln(1_{m+1} - W_{t-1}) 1_{m+1}^{\mathrm{T}}$ 关于参数 θ_1 的梯度

　　更新策略模型的参数 $\theta_1 \leftarrow \theta_1 + \eta \nabla_{\theta_1} \widetilde{J}_{[t_b, t_b+n_b-1]}(\theta_1)$

　else

　　执行动作 $W_t = \pi_{\theta_2}(S_t)$，并观察 S_{t+1}，r_t 和 W_{t+1}

　　将 $\{S_t, W_t, r_t, S_{t+1}\}$ 存储在 D 中

　　计算目标函数 $J_{[t_b, t_b+n_b-1]}(\theta_2) - \lambda \frac{1}{n_b} \sum_{t=t_b}^{t_b+n_b-1} \ln(1_{m+1} - W_{t-1}) 1_{m+1}^{\mathrm{T}}$ 关于参数 θ_2 的梯度

　　更新策略模型的参数 $\theta_2 \leftarrow \theta_2 + \eta \nabla_{\theta_2} \widetilde{J}_{[t_b, t_b+n_b-1]}(\theta_2)$

　end

end

算法 5 – 1　用于投资组合管理的基于趋势一致的多智能体深度强化学习（TC – MARL）算法（基于策略梯度算法）

接下来，我们将详细阐述该算法的工作机制。如图 5－4 所示，当样本内的几只股票趋势一致时，即小批量样本的趋势因子 $\kappa_{[t_b,t_b+n_b-1]}$ 等于 1 时，采用智能体 1 来训练模型，此时的目标函数可表示为：

$$\begin{aligned}\tilde{J}_{[t_b,t_b+n_b-1]}(\theta) &= J_{[t_b,t_b+n_b-1]}(\theta) + J_{\lambda,\kappa}(\theta)\\ &= \frac{1}{n_b}\sum_{t=t_b}^{t_b+n_b-1}\ln(\mu_t y_t \times W_{t-1}) + \lambda\frac{1}{n_b}\sum_{t=t_b}^{t_b+n_b-1}\ln(1_{m+1} - W_{t-1})\,1_{m+1}^{\mathrm{T}}\\ &= \frac{1}{n_b}\sum_{t=t_b}^{t_b+n_b-1}\ln(\mu_t y_t \times W_{t-1}) + \lambda\frac{1}{n_b}\sum_{t=t_b}^{t_b+n_b-1}\left[\sum_{i=1}^{m+1}\ln(1 - w_{i,t-1})\right]\\ &= \frac{1}{n_b}\sum_{t=t_b}^{t_b+n_b-1}\ln(\mu_t y_t \times W_{t-1}) + \lambda\frac{1}{n_b}\sum_{t=t_b}^{t_b+n_b-1}\ln\prod_{i=1}^{m+1}(1 - w_{i,t-1})\end{aligned} \tag{5-17}$$

其中，$0 \leqslant w_{i,t-1} \leqslant 1$ 是第 i 只股票在 $t-1$ 时刻的权重。在目标函数 $\tilde{J}(\theta)$ 下，最大化 $\tilde{J}_{[t_b,t_b+n_b-1]}(\theta)$ 将会使得 $J_{\lambda,\kappa}(\theta)$ 达到最大值，即：

$$\begin{aligned}\max_{\theta}\tilde{J}_{[t_b,t_b+n_b-1]}(\theta) &\propto \max_{\theta} J_{\lambda,\kappa}(\theta)\\ &\propto \max_{\theta}\sum_{t=t_b}^{t_b+n_b-1}\ln\prod_{i=1}^{m+1}(1 - w_{i,t-1})\\ &\propto \max_{\theta}\ln\prod_{i=1}^{m+1}(1 - w_{i,t-1})\\ &\propto \max_{\theta}\prod_{i=1}^{m+1}(1 - w_{i,t-1})\end{aligned} \tag{5-18}$$

基于卡鲁什—库恩—塔克条件（Karush－Kuhn－Tucker，KKT）可得，$\prod_{i=1}^{m+1}(1 - w_{i,t-1}) \leqslant \left(\frac{m}{m+1}\right)^{(m+1)}$，当且仅当这 $m+1$ 个资产的权重相等时，等式成立，即 $w_{i,t-1} = \frac{1}{m+1}, i = 1,2,\cdots,m+1$。因此，当这几只股票的趋势一致时，智能体会尽可能地将资产平均分配到每只股票上。

类似地，当这几只股票的趋势不一致时，即 $\kappa_{[t_b,t_b+n_b-1]} = -1$，我们采用智能体 2 来训练模型，此时的目标函数可写为：

$$\begin{aligned}\tilde{J}_{[t_b,t_b+n_b-1]}(\theta) &= J_{[t_b,t_b+n_b-1]}(\theta) + J_{\lambda,\kappa}(\theta)\\ &= \frac{1}{n_b}\sum_{t=t_b}^{t_b+n_b-1}\ln(\mu_t y_t \times W_{t-1}) - \lambda\frac{1}{n_b}\sum_{t=t_b}^{t_b+n_b-1}\ln(1_{m+1} - W_{t-1})1_{m+1}^T\\ &= \frac{1}{n_b}\sum_{t=t_b}^{t_b+n_b-1}\ln(\mu_t y_t \times W_{t-1}) - \lambda\frac{1}{n_b}\sum_{t=t_b}^{t_b+n_b-1}\left[\sum_{i=1}^{m+1}\ln(1 - w_{i,t-1})\right]\\ &= \frac{1}{n_b}\sum_{t=t_b}^{t_b+n_b-1}\ln(\mu_t y_t \times W_{t-1}) - \lambda\frac{1}{n_b}\sum_{t=t_b}^{t_b+n_b-1}\ln\prod_{i=1}^{m+1}(1 - w_{i,t-1})\end{aligned} \tag{5-19}$$

类似地，可得：

$$\begin{aligned}\max_\theta \tilde{J}_{[t_b,t_b+n_b-1]}(\theta) &\propto \max_\theta J_{\lambda,\kappa}(\theta)\\ &\propto \min_\theta \sum_{t=t_b}^{t_b+n_b-1}\ln\prod_{i=1}^{m+1}(1 - w_{i,t-1})\\ &\propto \min_\theta \ln\prod_{i=1}^{m+1}(1 - w_{i,t-1})\\ &\propto \min_\theta \prod_{i=1}^{m+1}(1 - w_{i,t-1})\end{aligned} \tag{5-20}$$

由于权重 $w_{i,t-1} \geqslant 0$，故 $\prod_{i=1}^{m+1}(1 - w_{i,t-1})$ 的最小值为0，当且仅当存在一个资产的权重为1时，等式成立。这说明当趋势因子 $\kappa_{[t_b,t_b+n_b-1]}$ 等于 -1 时，智能体将会分配大量的资产到其中一只股票上。

5.4 实验

在本节中，我们在中国股票市场上进行了大量的回测实验。接下来，我们将详细地介绍实验数据、实验设置以及实验结果。

5.4.1 实验数据及实验设置

我们从聚宽平台[126]收集这些股票的最高价、开盘价、最低价和收盘价。首先从沪深300成分股中选择5只流通市值最大的股票构建一个投资组合；考虑到来自同一行业的股票价格会受到类似的经济、政治及金融等因素的影响，我们又随机选取了两个行业，并从中选择流通市值最大的5

只股票构建相应的投资组合。这里，我们选取了从2005年1月1日到2019年12月31日的数据进行回测实验，其中2005年1月1日到2018年12月31日的数据作为训练集，剩余的作为测试集。这几个投资组合的详细说明如表5－1所示。

表5－1　几个投资组合

投资组合	行业	股票	时间范围
1	沪深300	600000. SH，002032. SZ，600498. SH，000768. SZ，600221. SH	2005年01月01日至2019年12月31日
2	白酒	000858. SZ，600519. SH，000568. SZ，600809. SH，000860. SZ	2005年01月01日至2019年12月31日
3	军工	002013. SZ，000768. SZ，600879. SH，600893. SH，600372. SH	2005年01月01日至2019年12月31日

受EIIE模型[135]的启发，这里我们采用CNN来实例化TC－MARL模型。不同于之前的算法，这里的状态包含了收盘价、最高价、最低价和开盘价这4个特征。这里，我们采用网格法来选择正则化参数 λ 。

5.4.2　基准算法

·稳健的中位数回归（Robust Median Reversion，RMR）策略[139]主要采用稳健的 L_1－中位数来估计下一时刻的股票价格：

$$\widehat{x}_{t+1}(w)=\frac{L_1 med_{t+1}(w)}{p_t}=\frac{\mu}{p_t} \tag{5-21}$$

基于此，计算可得投资组合在每一时刻配置在各只股票上的权重：

$$b_{t+1}=b_t-\alpha_{t+1}(\widehat{x}_{t+1}-\bar{x}_{t+1}\times 1) \tag{5-22}$$

其中，$\alpha_{t+1}=\min\left\{0,\frac{\widehat{x}_{t+1}b_t-\varepsilon}{\|\widehat{x}_{t+1}-\bar{x}_{t+1}\times 1\|^2}\right\}$。

·被动积极均值回归（Passive Aggressive Mean Reversion，PAMR）策略[140]定义了一个 ε－不敏感损失函数，即：

$$l_\varepsilon=\begin{cases}0, & b^T\times x_t\leqslant\varepsilon\\ b^T\times x_t-\varepsilon, & b^T\times x_t>\varepsilon\end{cases} \tag{5-23}$$

其中，x_t 为价格相对向量，b 为投资组合的权重向量，$0 \leqslant \varepsilon \leqslant 1$ 为控制均值回归阈值的敏感参数。PAMR 策略的优化目标为：

$$b_{t+1} = \operatorname{argmin}_{b \in \Delta_m} \frac{1}{2} \| b - b_t \|^2, \text{s. t. } l_\varepsilon(b; x_t) = 0 \qquad (5-24)$$

易知，在 $t+1$ 时刻投资组合的权重 b_{t+1} 为：

$$b = b_t - \tau(x_t - \bar{x}_t \times 1) \qquad (5-25)$$

其中，$\bar{x}_t = \frac{x_t \times 1}{m}$ 为市场收益，τ 表示为 $\tau = \max\left\{0, \frac{b_t \times x_t - \varepsilon}{\| x_t - \bar{x}_t \times 1 \|^2}\right\}$。

· **在线移动平均反转**（Online Moving Average Reversion，OLMAR）策略[141]假设下一时刻的价格将会回归到均值，即 $\bar{p}_{t+1} = MA_t = \frac{1}{w}\sum_{i=t-w+1}^{t} p_i$，其中，$w$ 为时间窗口长度。下一时刻价格相对向量的预测值为：

$$\begin{aligned}
\bar{x}_{t+1}(w) &= \frac{MA_t(w)}{p_t} \\
&= \frac{1}{w}\left(\frac{p_t}{p_t} + \frac{p_{t-1}}{p_t} + \cdots + \frac{p_{t-w+1}}{p_t}\right) \\
&= \frac{1}{w}\left(1 + \frac{1}{x_t} + \cdots + \frac{1}{\bigotimes_{i=0}^{w-2} x_{t-i}}\right)
\end{aligned} \qquad (5-26)$$

其中，$\otimes$为向量点积。再根据式（5－27）得到下一时刻的投资组合权重为.

$$b_{t+1} = \operatorname{argmin}_{b \in \Delta_m} \frac{1}{2} \| b - b_t \|^2, \text{s. t. } b \times \tilde{x}_{t+1} \geqslant \varepsilon \qquad (5-27)$$

· **基于 CNN 实例的相同独立评估器集成**（Ensemble of Identical Independent Evaluators with CNN instant，EIIE－CNN）算法[135]采用几个相同的卷积神经网络来从原始数据（包括最高价、最低价和收盘价）中提取特征，生成合理的交易行为。

· **相同独立 Inception 模块的集成**（Ensemble of Identical Independent Inception，E I^3）算法[142]采用了三个大小不同的卷积核同时从原始数据（包括最高价、最低价和收盘价）中提取特征，产生合理的交易动作。

5.4.3 实验结果

表5-2为TC-MARL算法和几个基准算法上的性能对比。

表5-2 TC-MARL算法和几个基准算法上的性能对比

投资组合	指标	RMR	OLMAR	PAMR	EIIE-CNN	E I^3	DPR	TC-MARL
沪深300	CRR	10.64%	1.89%	-24.34%	17.20%	-2.47%	29.45%	**46.12%**
	MDD	-16.48%	-23.95%	-21.5%	-11.87%	-26.52%	-16.26%	**-7.33%**
	SR	0.51	0.21	-1.05	1.01	0.05	1.24	**2.38**
白酒	CRR	57.85%	60.19%	71.68%	123.75%	133.15%	120.04%	**150.53%**
	MDD	-21.38%	-23.17%	-19.72%	-11.71%	-13.99%	-11.06%	**-8.15%**
	SR	1.46	1.53	1.64	2.86	2.82	2.93	**3.51**
军工	CRR	-18.75%	-13.47%	-7.79%	4.99%	-3.59%	11.53%	**24.92%**
	MDD	-35.38%	-31.83%	-27.29%	-22.01%	-27.29%	-27.42%	**-12.59%**
	SR	-0.68	-0.44	-0.16	0.34	-0.06	0.7	**1.18**

本小节我们对比了RMR、OLMAR、PAMR、EIIE-CNN、E I^3 、DPR和所提出的TC-MARL算法在这几个投资组合上的性能。初始资金设为100万元。买入和卖出股票的手续费分别为交易金额的0.1%和0.2%。表5-2用累计收益率（Cumulative Return Ratio，CRR）、夏普率（Sharp Ratio，SR）以及最大回撤（Maximum Drawdown，MDD）这三个指标详细阐述了这些算法的性能。从沪深300这个投资组合中，我们可以看出TC-MARL算法的累计收益率为46.12%，远高于其他算法。同时，夏普率为2.38，也是显著高于其他算法。除此之外，最大回撤也远低于其他算法。其他两个投资组合的结果也类似。图5-5展示了这几个算法的总收益曲线。从图中可以看出，TC-MARL算法的总资产值曲线高于其他曲线，这充分说明了我们提出的TC-MARL算法比其他算法更有效。综上可知，TC-MARL算法可以在较低的风险下实现更高的回报，显著优于其他现有的算法。

(a) 沪深300

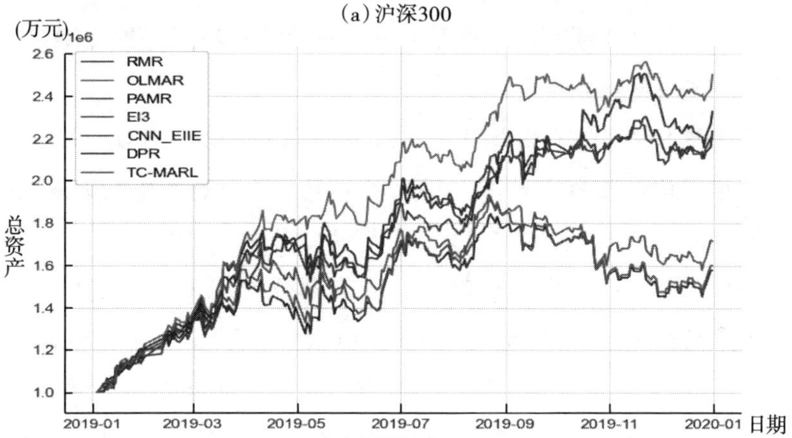

(b) 白酒行业

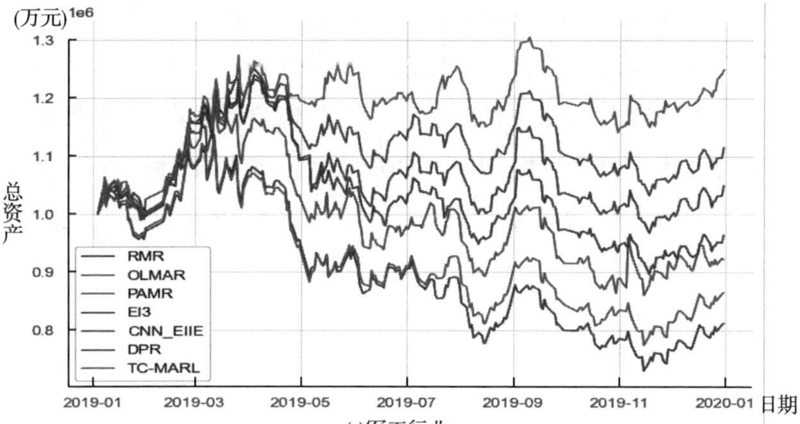

(c)军工行业

图 5－5　不同算法在三个投资组合上的总资产曲线

5.4.4 权重分析

进一步地，我们对比了不同算法在交易的过程中分配在不同股票上的权重值，如图5-6所示。从图5-6（a）中可以看出，TC-MARL算法能够根据股票的价格变动，动态地对股票的趋势进行调节。当趋势不一致时，智能体会将大部分的资产分配在之后时间内最可能获利的股票上，如图5-6（a）中A框所示，在第9天之后，智能体会逐渐地调节资产的权重，将大部分的资金配置在股票600498.SH上，以获取尽可能高的利润；当趋势一致时，智能体会尽可能将资产平均地分配在各只股票上，如图5-6（a）中B框所示。从图中可看出，该算法很好地实现了想要构建的多智能体深度强化学习算法。

对比图5-6（a）和图5-6（b），可以看出在EIIE-CNN算法中，智能体很平均地将资金分配在每只股票上，并没有考虑股票的波动情况，因此该算法的收益低于TC-MARL算法的收益。同样地，从EI^3算法的权重变化图5-6（c）中可看出，在大部分时间下，甚至当该股价处于大幅下跌阶段时［如图5-6（c）中C框所示］，智能体都将几乎所有的资金分配在600498.SH上，而没有分配在其他可盈利的股票上，由此可看出该智能体无法很好地分散风险。与DPR算法相对比，如图5-6（d）中D框位置所示，DPR算法将大部分的资金分配在600498.SH股票上，但此时该股票价格波动剧烈；而000768.SH处于上升趋势，该算法并没有将资金分配在这只股票上，这些现象都说明了DPR算法难以根据市场的变化将资金分配到合适的股票上。根据上述分析可以看出，所提出的TC-MARL算法是十分有效的，且能够根据市场状况的变化合理地调整资金的配置。

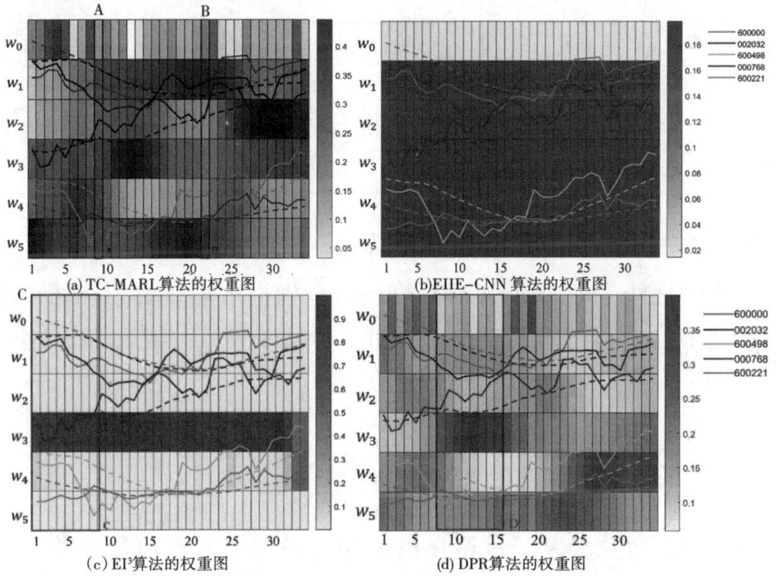

(a) TC-MARL算法的权重图

(b)EIIE-CNN 算法的权重图

(c) EI³算法的权重图

(d) DPR算法的权重图

图 5－6　几个强化学习算法在不同时刻的权值对比

注：我们从测试结果中任意选取一段价格时间序列以及相应的权重值。其中，实线代表股票价格，虚线代表相应股票的移动均线；w_0 代表现金的权重，w_1、w_2、w_3、w_4 和 w_5 分别代表不同股票的权重。另外，横坐标为时间轴，每一小格代表一天；为了方便解释，将时间标记为自然数序列。

5.4.5　多智能体的重要性

在这一部分，我们对比分析了两个智能体相对一个智能体的优势，来进一步说明 TC－MARL 算法的有效性。我们设计了两个实验，即用第 5.3 节中设计的智能体 1 和智能体 2 来分别管理投资组合。实验结果如表 5－3 所示。

表 5－3　TC－MARL 算法中多智能体的重要性

投资组合	指标	智能体 1	智能体 2	TC－MARL
沪深 300	CRR	18.92%	12.17%	**46.12%**
	MDD	－28.69%	－25.30%	**－7.33%**
	SR	0.96	0.83	**2.38**
白酒	CRR	98.20%	49.68%	**150.53%**
	MDD	－20.71%	－22.38%	**－8.15%**
	SR	1.74	1.33	**3.51**

续表

投资组合	指标	智能体1	智能体2	TC - MARL
军工	CRR	2.34%	-6.07%	**24.92%**
	MDD	-21.76%	-25.77%	**-12.59%**
	SR	0.29	-0.15	**1.18**

从表中的结果可以看出，TC - MARL 算法的性能远高于由单个智能体所指导算法的性能，即 TC - MARL 算法可以根据市场状态，在两个不同的智能体间动态地进行切换，这充分说明了采用多个智能体来进行学习更加有效。

5.5　风险管理

TC - MARL 算法是基于价格在极短期内可以被预测而建立的，且该算法可实时地对股票权重进行动态调整。当股票价格出现向下波动时，该交易系统可对投资组合内各只股票的占比重新进行调整，使其风险保持在一个合理范围内。在实际的交易过程中，为了避免股价可能会发生一些极端情况（如个股由于突发事件导致股价巨幅下跌等），因此，在整个交易系统中加入止损模块是非常有必要的。具体来说，所采用的止损规则是：

$$\frac{r_{t-1}}{\max\limits_{t_{init}\leqslant i\leqslant t-1} r_i} - 1 \leqslant -\mu \qquad (5-28)$$

其中，r_{t-1} 为该投资组合到 $t-1$ 时刻的累计收益；在交易开始时，t_{init} 设为 0，当止损在 $t_{trigger}$ 时刻被触发后，下一交易阶段的 t_{init} 设为 $t_{trigger}+1$；μ 为一个常数，值的大小代表了投资者的风险厌恶程度。当止损条件被触发时，该交易系统将会清空所有仓位；待第二个交易日根据市场状态重新计算各只股票的权重，配置仓位。该止损模块只用在测试阶段或在线交易阶段。

另外，我们进行了几组数值实验来说明该风险管理的有效性，实验结果如表 5 - 4 所示。表中“ - ”代表着沪深 300 这个投资组合在交易的过程中并没有触发止损机制。从其他两组实验结果中可看出，止损模块的添加，使得投资组合的收益和夏普率提高，最大回撤降低。实验结果充分地说明了该止损模块的有效性。

表 5－4 加入止损后的算法性能比较

投资组合	算法	CRR/%	MDD/%	SR
沪深 300	TC－MARL	46. 12	－7. 33	2. 38
	TC－MARL（止损）	**50. 35**	**－6. 37**	**2. 40**
白酒	TC－MARL	150. 53	－8. 15	3. 51
	TC－MARL（止损）	**155. 93**	**－6. 20**	**3. 54**
军工	TC－MARL	24. 92	－12. 59	1. 18
	TC－MARL（止损）	**26. 27**	**－9. 21**	**1. 34**

注：这里 μ 设为 10%。

5.6 小结

在本章中，我们提出了一个基于趋势一致的多智能体强化学习（TC－MARL）算法。该算法首先构建了一个趋势一致判别器用于识别同一投资组合中多只股票的趋势一致性，以得到趋势一致因子；基于该因子，我们根据股票所处的状态引入不同的趋势一致正则项到目标函数中来构建不同的交易智能体。也就是，当投资组合内多只股票的趋势一致时，采用智能体 1 进行交易；当投资组合内多只股票的趋势不一致时，采用智能体 2 进行交易。由于股票价格是随时间波动的，同一投资组合内的股票趋势也是随时间不断地进行变换的，因此，该系统可根据投资组合内股票所处的状态，动态地在两个智能体之间进行切换，构建更合适的交易策略。A 股市场上的实验结果表明，TC－MARL 算法的性能优于 RMR、PAMR、OLMAR、EIIE－CNN 和 EI^3 等算法，可获得更高更稳定的收益。

此外，止损规则的设计也会影响算法的性能，如何设计一个合适的止损规则在控制风险的同时还提高收益，需进一步地研究。

6　针对复杂多步骤任务的多环境并行的深度强化学习算法

在强化学习算法中，多步骤任务的学习由于奖励函数稀疏，且需要依次执行每一个子任务，即智能体要在没有中间奖励的情况下依次地执行几个子任务来完成整个任务，这是一个极具挑战的问题。在本章中，我们提出一种奖励自适应的多环境并行的深度强化学习算法（Paralleled Multi - Environment Shaping，PMES）用于学习复杂多步骤任务。具体来说，我们构建了几个子环境，每个子环境相应于多步骤任务中的一个关键步骤；智能体在原始环境和子环境下同时进行训练。以这种方式训练，智能体便可以意识到子步骤的重要性，同时智能体可根据训练阶段自适应地对奖励函数进行调节。但目前为止，对强化学习算法的研究还不够成熟，应用场景也比较局限，最大的应用场景就是游戏。因此，我们在经典的强化学习训练环境——星际争霸上进行实验，结果表明，在“造兵”这个复杂的多步骤任务上，PMES 算法在最短的训练时间内取得了最高的分数，且已经达到顶级职业玩家的水平。

6.1　引言

近年来，深度强化学习算法受到广泛的关注。在该算法中，智能体通过不断地尝试来寻找最优策略。但由于复杂的多步骤任务具有状态空间及行动空间大且奖励函数稀疏等难点，因此训练一个智能体学会该任务是非常困难的。

由于多步骤任务缺少中间奖励，让智能体认识到中间步骤的重要性是非常困难的；但由于先验知识或经验的存在，这些任务对于人类来说却是非常简单的。因此，如何将人类的知识有效地迁移到这些算法中是非常重要的。目前为止，已有大量的算法被提出用于解决此问题。例如，奖励塑形（Reward Shaping）算法通过对奖励函数进行变形来指导智能体更有效地进行学习[78,143-147]。Ng Andrew 通过理论分析证明了基于势函数的奖励塑形算法可以保持最优策略[78]。进一步地，Devlin 指出基于势函数的奖励塑形算法是时间依赖的，称为动态奖励塑造[148]。RUDDER 算法被提出用于解决奖励延迟的问题，它是将原始的奖励转变为另一个收益等价的马尔科夫决策过程[149]。但由于奖励塑形算法易陷入局部最优策略中[150]，这对多步骤任务来说是一个巨大的挑战。另外，课程学习算法[79,151-155]被提出用于学习多步骤任务，该算法主要通过将原始任务拆分成几个难度依次增加的子任务来逐步进行学习，由于简单任务的学习有助于智能体在之后阶段学习更复杂的任务，因此需采用合理的顺序来训练智能体。也就是说，原始任务的训练复杂度可通过之前辅助任务的知识进行简化。Narvekar 为智能体设计一个合理的训练顺序来提升强化学习算法并加快学习速度[79]。Svetlik 基于任务描述符提出了一个新的强化学习算法，可用于自动生成训练课程[151]。然而，这些用于解决复杂多步骤任务的强化学习算法仍处于起步阶段，存在很大的局限性。例如，逆强化学习算法要求环境可以反向退回到之前的状态[152]，这对于一些环境来说是不可行的。另外，课程强化学习算法的最大问题是灾难性的遗忘问题，即在学习新知识的过程中，早期学习到的知识很可能被丢失或遗忘。针对此问题，一些研究者提出了蒸馏算法来解决此问题，它是通过创建单个控制器从一系列的专家模型中进行学习。例如，Parisotto 提出了一个监督学习的回归函数来学习所有的专家策略，称为“蒸馏法”[156]。Berseth 进一步提出将迁移学习和策略蒸馏算法相结合来学习多种技能，称为 PLAID 算法[157]。但是，由于智能体难以自动地平衡来自多个专家的奖励，故智能体很难根据多个专家策略来寻求最优的策略。因此，研究一个用于处理多步骤任务的强化学习算法是极其重要的。

在强化学习研究领域中，已有大量关于多任务学习的研究工作，多任务学习的目标是指共同完成所有的任务而不是专注于其中某一任务[158-165]。与多任务学习不同的是，多步骤任务更强调多个任务执行的先后顺序，也就是说，这些子任务必须按一定的顺序执行；且奖励十分稀疏，即智能体只有在完成整个任务后才能获得奖励。因此，我们将整个任务分成几个子任务，同时对它们进行训练。在之前的研究中，已有一些并行强化学习算法被提出[74,166-167]，例如异步优势演员—评论家算法（A3C）[74]以及优势演员—评论家（A2C）算法。由于智能体在这几个不同的环境下具有相同的状态空间和动作空间，在 A3C 和 A2C 算法的启发下，我们考虑在这几个不同的环境下同时训练该智能体，使其同时学习这几个不同的任务。

在本章中，我们提出一个新颖的强化学习算法来学习这些复杂的多步骤任务，称为并行多环境的奖励塑形（Paralleled Multi - Environment Shaping，PMES）算法。考虑到中间步骤奖励的缺失，我们通过构建几个子环境来引入相应的中间奖励，每个子环境都对应于一个关键步骤。同时，结合并行的强化学习算法，我们在多个并行的不同环境（包括原始环境和几个子环境）下训练该智能体。以这种方式，智能体便可以自动地分配相应的奖励并完成最后的目标任务。

近几年，有很多经典的复杂环境被建立用于测试强化学习算法，特别是 SC2LE 环境[168-172]，这是由 DeepMind 和暴雪公司联合发布的实时策略游戏——星际争霸的环境，其中包含 7 个小游戏。“造兵”这个小游戏是一个典型的多步骤任务，它需要连续地执行多个相关步骤，比其他的小游戏更加困难一些。因此，在本章我们将使用“造兵”游戏作为评估 PMES 算法性能的平台。实验结果表明，PMES 算法可以更快的速度收敛到更好的结果，因此模型的性能更好。

本章的结构安排如下：第 6.2 节详细地介绍了我们所提出的 PMES 算法；第 6.3 节进行了大量的数值实验以说明 PMES 算法的优越性，证明该算法的性能已远超目前已有算法的性能；第 6.4 节对本章工作进行小结。

6.2　多环境并行的奖励塑形算法

多环境并行的奖励塑形算法（PMES）的核心是通过建立辅助环境，来帮助智能体在原始主环境下进行学习。为简化模型，我们假设主要任务和辅助任务仅在初始状态和奖励机制上有所不同。这里，我们将主环境中的原始任务表示为一个马尔科夫决策过程：

$$M^{(0)} = (S, S_0^{(0)}, A, T, \gamma, R^{(0)}) \tag{6-1}$$

另外，N 个辅助环境的马尔科夫过程表示为：

$$M^{(n)} = (S, S_0^{(n)}, A, T, \gamma, R^{(n)}), n = 1, \cdots, N \tag{6-2}$$

其中，S 为状态空间，$S_0^{(0)}$、$S_0^{(n)}$ 分别为主环境和第 n 个辅助环境的初始状态。我们采用 A2C 算法来训练模型，在这里，一个智能体同时与所有的环境进行交互。从学习智能体的角度来说，整个混合的多个环境不仅可以从不同的初始状态开始训练，而且可以同时收到来自不同环境的奖励。严格来说，由于智能体正在与哪个环境进行交互是未知的，因此该过程可以看作部分可观察的马尔科夫决策过程（Partially Observable Markov Decision Process，POMDP）。然而，POMDP 的主要目的是在所有的状态下为每一个可达的状态寻找相应的最优动作，这偏离了主要任务的目标。

PMES 算法的整个结构如图 6-1 所示，它采用 A2C 算法[173-174]来训练智能体。在训练的过程中，策略网络与价值网络共享参数。该算法最重要的一个方面是单个智能体同时与多个并行环境进行交互，我们利用此特征来实现多个子环境间的奖励自适应机制。

6.2.1　策略不变性

假设每类环境的个数为 $d^{(n)}, n = 0, \cdots, N$，这里，$n = 0$ 表示主环境，即原始环境。因此，总环境的个数为 $\sum_n d^{(n)}$，智能体正与某一类环境进行交互的概率表示为 $d^{(n)} / \sum_n d^{(n)}$。另外，在环境 $M^{(n)}$ 中，智能体采用策略 π 时到达状态 s 的概率可表示为 $p_\pi^{(n)}(s)$，智能体在不同的环境下到达状

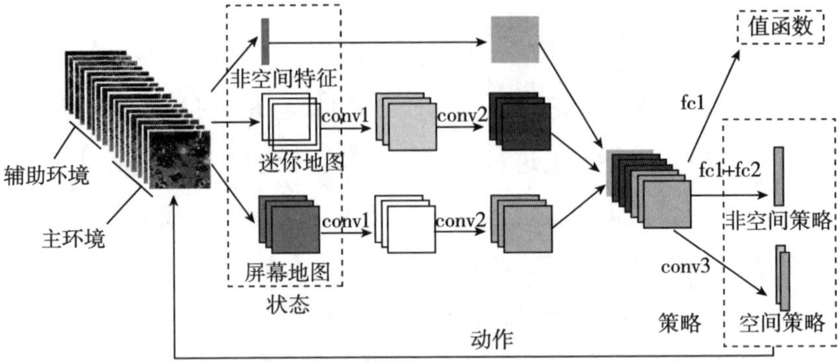

图 6-1　用于解决星际争霸游戏的 PMES 算法结构

注：智能体同时和主环境及几个辅助环境进行交互。整个的算法结构基于 A2C 算法。网络的输入包含空间特征和非空间特征。其中，空间特征指包括屏幕地图和迷你地图，非空间特征包含诸如收集的矿物质数量之类的信息。输出动作是游戏指令及其空间坐标。

态 s 的概率记为 $\rho_{\pi}^{(n)}$，满足：

$$\rho_{\pi}^{(n)}(s) \propto \frac{d^{(n)}}{\sum_{n} d^{(n)}} \times p_{\pi}^{(n)}(s), n = 0, \cdots, N \tag{6-3}$$

因此，原始环境的三元组 (s,a,s') 分布为：

$$\rho_{\pi}^{(n)}(s,a,s') \propto \rho_{\pi}^{(n)}(s) \times \pi(a \mid s) \times P_{sa}(s') \tag{6-4}$$

由于策略 π 和转移概率 P_{sa} 在所有环境下是相同的，即 $\rho_{\pi}^{(n)}(s,a,s') = \rho_{\pi}^{(n)}(s)$，因此奖励函数 R_{π} 可表示为：

$$\begin{aligned} R_{\pi}(s,a,s') &= \sum_{n} \rho_{\pi}^{(n)}(s,a,s') R^{(n)}(s,a,s') \\ &= \sum_{n} \rho_{\pi}^{(n)}(s) R^{(n)}(s,a,s') \end{aligned} \tag{6-5}$$

根据之前的研究[78]，得知在遍历的马尔科夫决策过程及基于势函数的奖励塑形情况下，最优策略保持不变。

命题 1：假设主环境的马尔科夫决策过程 $M^{(0)}$ 的状态空间 S 和行动空间 A 是有限的，且辅助环境的马尔科夫决策过程记为式（6-2）。如果 $M^{(0)}$ 是可遍历的，且来自辅助环境的奖励可表示为基于势函数的奖励塑形：

$$R^{(n)}(s,a,s') = R^{(0)}(s,a,s') + \gamma \varphi^{(n)}(s') - \varphi^{(n)}(s) \tag{6-6}$$

其中，$n = 1,\cdots,N$ 和 $\varphi^{(n)}$ 为第 n 个环境的势函数，那么 PMES 算法的最优策略 π^* 也是原始主环境 $M^{(0)}$ 的最优策略，也就是说 PMES 算法具有策略不变性。

证明： 我们的证明过程参考了奖励塑形的相关文献[78,144]。为简化符号，记 $\varphi^{(0)} \equiv 0$。最优策略 π^* 的价值函数 Q^* 应满足下述的贝尔曼最优方程：

$$\begin{aligned}Q^*(s,a) &= \mathbb{E}_{s'\sim P_{sa}}[R_{\pi^*}(s,a,s') + \gamma \max_{a'\in A} Q^*(s',a')]\\ &= \mathbb{E}[\sum_n \rho_{\pi^*}^{(n)}(s) R^{(n)}(s,a,s') + \gamma \max_{a'\in A} Q^*(s',a')]\\ &= \mathbb{E}[R^{(0)}(s,a,s') + \sum_n \rho_{\pi^*}^{(n)}(s)(\gamma \varphi^{(n)}(s') -\\ &\quad \varphi^{(n)}(s)) + \gamma \max_{a'\in A} Q^*(s',a')]\end{aligned} \tag{6-7}$$

遍历马尔科夫决策过程的一个特性是它们具有唯一的稳态分布。尽管辅助环境的马尔科夫决策过程在初始状态和奖励功能上与原始环境的马尔科夫决策过程有所不同，但它们产生的马尔科夫随机过程是相同的，因此，它们具有与原始主环境相同的稳态分布，即：

$$p_\pi^{(n)}(s) = p_\pi^{(0)}(s), n = 1,\cdots,N, \forall s \in S \tag{6-8}$$

结合式（6-3），可得：

$$\rho_\pi^{(n)}(s) = \rho_\pi^{(n)}(s'), n = 0,\cdots,N, \forall s,s' \in S \tag{6-9}$$

基于上式，式（6-7）可表示为：

$$\begin{aligned}&Q^*(s,a) + \sum_n \rho_{\pi^*}^{(n)}(s)\varphi^{(n)}(s)\\ &= \mathbb{E}_{s'\sim P_{sa}}[R^{(0)}(s,a,s') + \gamma \max_{a'\in A}(Q^*(s',a') +\\ &\quad \sum_n \rho_{\pi^*}^{(n)}(s')\varphi^{(n)}(s'))]\end{aligned} \tag{6-10}$$

令

$$\widehat{Q}^*(s,a) := Q^*(s,a) + \sum_n \rho_{\pi^*}^{(n)}(s)\varphi^{(n)}(s) \tag{6-11}$$

则对于原始环境的马尔科夫决策过程 $M^{(0)}$，贝尔曼最优方程为：

$$\widehat{Q}^*(s,a) = \mathbb{E}_{s'\sim P_{sa}}[R^{(0)}(s,a,s') + \gamma \max_{a'\in A} \widehat{Q}^*(s',a')] \tag{6-12}$$

最优策略 π^* 满足：

$$\begin{aligned}\pi^*(s) &\in \underset{a\in A}{\operatorname{argmax}}\, Q^*(s,a) \\ &= \underset{a\in A}{\operatorname{argmax}}\Big(Q^*(s',a') + \sum_n \rho_{\pi^*}^{(n)}(s)\,\varphi^{(n)}(s)\Big) \\ &= \underset{a\in A}{\operatorname{argmax}}\, \widehat{Q}^*(s',a') \end{aligned} \tag{6-13}$$

因此，在并行混合环境下训练智能体所得到的最优策略仍是原始主环境的最优策略。类似地，可通过证明得到原始主环境的最优策略也是混合环境的最优策略。

由上述命题可得，最优策略与特定条件下的初始状态分布以及奖励塑形函数无关，但是这两个因素都会影响智能体的学习效率。在训练过程的初始阶段，对于多种不同的初始状态，智能体可同时探索马尔科夫决策过程的多个关键部分。因此，辅助环境为智能体提供了一个学习课程，即在训练的初始阶段，智能体在不同的环境下同时开始训练，并分别关注原问题的不同阶段。与传统奖励塑形算法所不同的是，PMES 算法提供了一种自适应的奖励塑形方法，其奖励函数如式（6－5）所示。在早期探索阶段，不同状态 s 所占的比例是不同的，这与式（6－9）中的平衡状态不同。例如，对于靠近于第一个辅助环境 $M^{(1)}$ 的初始状态 s，第一个辅助环境贡献了大部分的到达状态 s，故其比例 $\rho_{\pi}^{(1)}(s)$ 可能接近于 1 。且该智能体在当前状态 s 下执行动作 a 并到达下一个状态 s' 所获得的大部分奖励是由辅助环境 $M^{(1)}$ 下的奖励函数 $R^{(1)}(s,a,s')$ 决定的。随着训练过程的进行，与主环境进行交互的智能体将会更加频繁地到达状态 s，那么智能体将会得到更多来自原始环境的奖励，而不是辅助环境的奖励。

6.2.2 PMES 算法在星际争霸游戏中的应用

图 6－2 展示了星际争霸游戏的一个画面。迷你游戏“建造海军陆战队”的难点在于巨大的探索空间、行动的长链依赖性以及稀疏延迟的奖励，这些难点都会使得造兵任务变得十分困难。根据相关领域知识及经验得知建造过程可分成三步：建造补给站、建造兵营以及建造海军陆战队。我们将这三个步骤编码到三个小环境中，每个环境对应于每个中间步骤，这三个小环境作为辅助环境，被称为“子环境”，分别记为 SubEnv－A、

SubEnv－B 和 SubEnv－C。每个子环境的状态空间 S 和状态转移概率 T 与原始环境下的马尔科夫决策过程相同，但智能体在每个子环境下得到的奖励是不同的。为满足遍历性，我们在这些辅助环境中引入“破坏”动作以作为“建造”动作的逆动作。原始环境被称为“主环境”，记作 OrigEnv。主环境与三个子环境的具体配置如表 6－1 所示。

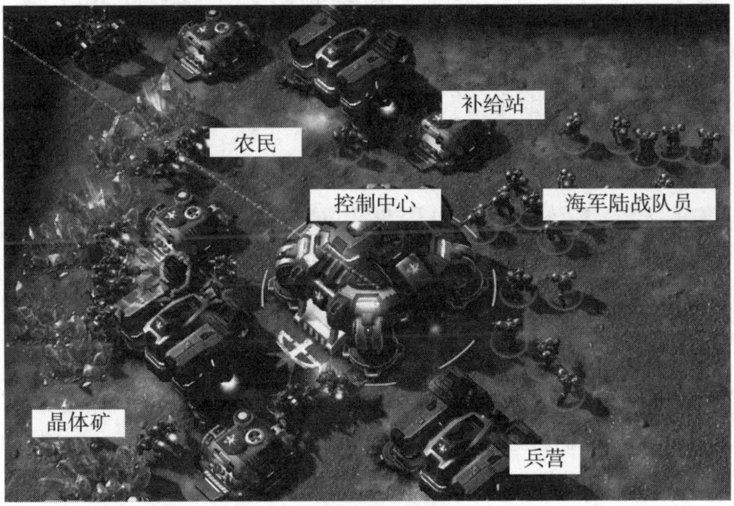

图 6－2 迷你游戏“建造海军陆战队”画面

注：图中标记了一些常见的单位类型。智能体操纵游戏的方式类似于人类玩家：通过点击、拖动鼠标来发出命令。该游戏可以分为三个连续的子任务：建造补给站、建造兵营和建造海军陆战队。

表 6－1 “建造海军陆战队”的子环境配置

环境	初始状态			建造/破坏/攻击			
	晶体矿	补给站	兵营	控制中心	补给站	兵营	陆战队员
OrigEnv	50	0	0	－－	－－	－－	+1/0/0
SubEnv－A	[50，200]	0	0	－－	+1/－1/0	－－	－－
SubEnv－B	[50，200]	[5，20]	0	－－	－－	+1/－1/0	－－
SubEnv－C	[50，200]	[5，20]	[1，10]	0/0/－1	0/0/－1	0/0/－1	+1/－1/－1

注：第 2～4 列是初始状态的配置，最后 4 列是动作建造/破坏/攻击的奖励值。其中，[a，b] 记为 a 到 b 之间的一个随机数。

SubEnv－A 的初始状态只预设了一些晶体矿，如图 6－3（a）所示。在这个子环境中，智能体每建立一个补给站将会得到 +1 的奖励。类似地，

SubEnv－B 的初始状态只预设了一些补给站，如图 6－3（b）所示，且每当智能体建造一个兵营将会得到＋1 的奖励，这将会指导智能体在有些补给站存在时建立一些兵营。在 SubEnv－C 的初始状态下，预设了一些补给站和兵营，如图 6－3（c）所示，智能体每建造一个陆战队员都将会得到＋1的奖励。由于陆战队员的动作空间中包含攻击这个有效动作，它可能会袭击一些重要的设施，如控制中心、兵营和补给站［图 6－5（a）展示了一个被破坏的兵营］。为阻止该有害行为，我们引入相应的惩罚项，即当攻击或破坏的行动产生时，智能体将会得到来自辅助环境的－1“奖励”。

(a) Initial state of SubEnv–A (b) Initial state of SubEnv–B (c) Initial state of SubEnv–C

图 6－3 辅助环境 A、B、C 的初始状态

注：SubEnv－A 的初始状态类似于主环境的初始状态，SubEnv－B 被随机初始了一些补给站，而 SubEnv－C 随机初始了一些兵营。

这些子环境作为简单的课程，向智能体传授了“建造陆战队”的基本知识。这里有两个特别值得注意的事实：首先，辅助环境并没有给出一些指令来直接指导智能体，所提供的知识也远少于所有有用的信息。例如，智能体需要自己去学习如何获得晶体矿以及建造这几个关键单元的顺序。其次，知识是通过设计合理的初始状态及奖励来间接传达给智能体。即在子环境中，并没有明确地指示智能体如何去实现每个子任务，而是智能体通过与环境不断地进行交互来学会如何建造补给站、兵营以及陆战队员。

在 PMES 算法的训练过程中，智能体将会同时收到来自子环境和原始环境的奖励，在这些奖励的诱导下，智能体便可以成功地完成每一个子任务。且随着训练阶段的进行，智能体会不断地对来自环境的奖励进行调整，这可视作一个自适应的奖励调节机制。我们以建造兵营任务为例，来阐述这个奖励自适应机制。在 SubEnv－B 中，每建造一个兵营都会得

到 +1的奖励。在训练初期，与主环境交互的智能体很难从初始状态自发地去建造兵营。随着训练的进行，当智能体学会如何建造兵营，那么建造兵营的奖励将会自动地调节到一个较低水平。由于主环境对“建造兵营”并没有奖励，由式（6－5）知，建造兵营在整个混合环境中获得的奖励值小于 +1 。根据以上分析得知，当智能体从主环境的初始状态出发开始学习，在学会这一子任务后相应的奖励值将会降低。一方面，高奖励值会引导智能体在一开始就快速地去完成相应的任务；另一方面，奖励自适应地降低可让智能体避免陷入某个子任务中。我们将在第 6.3 节对这个奖励自适应机制进行详细的阐述。

6.3 数值实验

在这一节中，我们将对比 PMES 算法与四个已有的最先进算法的性能，包括 A2C 算法[173－174]，奖励塑形算法，课程学习算法以及 PLAID 算法[157]。这些算法都采用如下的目标函数来训练智能体：

$$\mathbb{E}_{\tau \sim \pi(\tau)}[\log \pi_\theta(a_t \mid s_t)A(s_t,a_t) + c_1(R_t - V_\theta(s_t))^2 + c_2H(\pi_\theta(s_t))] \tag{6-14}$$

其中，c_1、c_2 分别为控制价值模型损失和策略熵损失的系数，且 R_t 是 t 时刻的期望累计折扣奖励。PMES 算法的详细结构如图 6－1 所示。网络的输入包含两个信息源：空间特征和非空间特征。空间特征包含来自小地图以及游戏画面的信息，而非空间特征包含剩余晶体矿数量或有效动作这样的额外信息。网络的输出包含动作及动作价值。这些输出的动作会被传递到环境中去，这里我们通过 PySC2[174] 来进行交互，这是一个星际争霸的 Python 学习环境（SC2LE），提供了强化学习智能体与游戏的互动界面。我们用 Tensorflow[127] 来执行这些算法并在 GPU 上进行训练。由于计算资源的限制，游戏画面以及小地图的分辨率被设置为 16 × 16 像素点，并行环境的总个数设为 16 个。

表 6－1 列出了所有的环境的配置，包含原始环境 OrigEnv，以及三个辅助环境 SubEnv－A、SubEnv－B 及 SubEnv－C。接下来，我们将介绍每一个算法的详细配置。

A2C 算法：在标准的 A2C 算法中，智能体同时与 16 个并行的原始环境进行交互。这里，我们采用网格搜索来寻找最优的超参数，这些超参数也被用于其他几种算法。注意，我们采用 Adam 优化器来训练智能体，学习率设为 1e－5，且 $(\beta_1, \beta_2) = (0.9, 0.999)$。在式（6－14）的损失函数中，价值模型损失系数 c_1 设为 0.25，策略熵的损失系数 c_2 设为 9e－5，折扣因子 γ 为 0.99。另外，我们采用梯度裁剪方法来阻止梯度爆炸，将其值限制在［－1，1］范围内。我们也用相同的参数训练其他 6 个迷你游戏，以确保这些参数在所有迷你游戏上的有效性，不会过拟合于该游戏。

奖励塑形算法：我们改变原始环境的奖励为一个新环境，记为 Shaping-Env。具体地说，当建造/摧毁一个补给站时，智能体将会被奖励/扣除 m 分；当建造/摧毁一个兵营时，智能体将会被奖励/扣除 n 分；当建造/杀死一个陆战队员时，智能体将会被奖励/扣除 p 分。与 SubEnv－A，SubEnv－B，SubEnv－C 类似，当控制中心、补给站、兵营被袭击时，智能体都将会被扣除 1 分。m, n, p 的最优配置可通过格点搜索得到，即 $(m, n, p) = \left(\frac{1}{9}, \frac{1}{3}, 1\right)$。

课程学习算法：在对原始的环境训练前，我们在三个辅助环境上逐步训练来形成课程。首先，智能体在 SubEnv－A 下更新 50K 次（K 表示千）来学习“建造补给站”这个子任务。其次，智能体在 SubEnv－B 下更新 50K 次去学习“建造兵营”。再次，在环境 SubEnv－C 下更新 50K 次去学习“造兵”这个子任务。在每个阶段，模型都通过上一阶段训练好的模型参数进行初始化。最后，智能体在原始的环境 OrigEnv 下进行了 300K 次更新。

PLAID 算法：该算法通过引入“知识蒸馏”这一步骤来提升课程学习算法的性能。首先，智能体在子环境 SubEnv－A 下进行训练，学习到的策略记为 π_A；其次，另一智能体通过 π_A 来进行初始化模型，并在子环境 SubEnv－B 下进行训练，学习到的策略被称为 π_B；之后，一个新的智能体被训练，它通过采用 DAGGER 算法[157,175]从专家策略 π_A 和 π_B 中提取知识，学习到的策略记为 $\widehat{\pi_B}$。接下来，智能体通过 $\widehat{\pi_B}$ 进行参数初始化，并学习子环境 SubEnv－C 的知识，所学习到的策略被称为 π_C 。另一个蒸馏过程被执行，它通过从专家策略 $\widehat{\pi}_B$ 和 $\widehat{\pi}_C$ 中提取知识，得到新的策略 $\widehat{\pi}_C$ 。最后，我们通过 $\widehat{\pi}_C$ 来初始化智能体，并在原始的环境 OrigEnv 下进行 300k 次参数更新，得到最终的学习策略。

PMES 算法：该算法在 16 个并行的混合环境下进行训练，即 OrigEnv，SubEnv－A，SubEnv－B 和 SubEnv－C。由于每类环境的个数将会影响该算法的性能，因此可通过网格搜索法来寻找子环境的最佳配置比例。这四个环境的最优配比为（10，1，3，2）。

6.3.1　结果分析

图 6－4 展示了 PMES 算法及其他几个对比算法的训练过程，表 6－2 总结了这 5 种算法在训练过程结束时及测试过程中的最高分数和平均分数。另外，表 6－2 还展示了几个现有工作的结果。

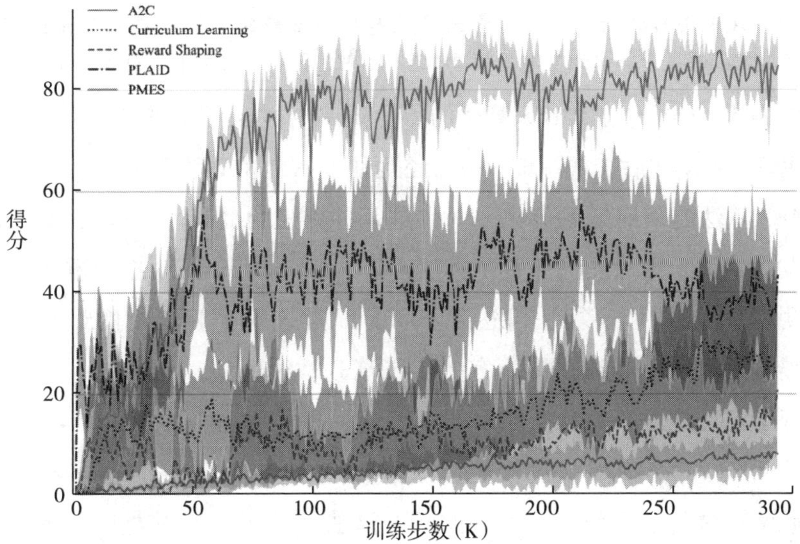

图 6－4　A2C、课程学习、奖励塑形、PLAID、PMES 算法的平均得分值比较

注：对于课程学习算法和 PLAID 算法，只展示了最后一阶段的训练过程。纵坐标的 Score 值是原始环境中“建造陆战队”任务的平均奖励值，横坐标是算法参数的更新次数，K 代表千。每条曲线是 5 次实验的平均值，阴影表示 90% 的置信区间。

表 6 - 2　PMES 算法与其他算法的得分比较

算法	算法配置			训练阶段		测试阶段	
	主环境	子环境	更新次数	平均奖励	最高奖励	平均奖励	最高奖励
A2C	OrigEnv	—	300K	8	49	12.9	44
奖励塑形	ShapingEnv	—	300K	20	120	29.5	126
课程学习	OrigEnv	A, B, C	300K	27	108	48.6	111
PLAID	OrigEnv	A, B, C	300K	57	122	51.7	123
PMES	OrigEnv	A, B, C	300K	**85**	**129**	**91.6**	**134**
Grandmaster[174]	OrigEnv	—	—	—	—	—	142
FullyConv LSTM[174]	OrigEnv	—	600M	—	—	—	62
Relational Agent[171]	OrigEnv	—	10B	—	—	123	—

注：Score 值是指智能体在原始环境中“建造陆战队员”所获得的奖励，最高（平均）分数是5次实验结果中的最高（平均）分数。表中所示的训练集结果是指模型在进行300K次更新后的结果，测试集的结果是指训练好的智能体在评估模式下进行1024个回合后的得分，每组实验执行5次。K、M、B分别代表千、百万、十亿。

由表6-2可看出PMES算法的得分最高，并且结合图6-4可看出模型在更新100K次后，PMES算法已经达到了一个相对较高的分数，这说明了PMES算法是最有效的算法。对比这几种算法的最高得分以及学习效率，我们发现PMES算法均优于其他算法。进一步，从表6-2中可看出，在模型的测试阶段，PMES算法可达到134分，是这5个算法中的最高分，且已经很接近星际争霸最顶尖玩家的水平（142分）[174]。而A2C、奖励塑形及课程学习算法的平均得分都非常低，这说明了这些算法都很难学会如何建造陆战队。PLAID算法的性能一般，平均得分57分。另外，表6-2中的最后两行展示了目前为止最好的两个算法的结果。通过对比发现，模型进行300K次更新后，PMES算法已经取得134分；而FullyConv LSTM算法[174]在进行600M更新后，仅获得62分。这充分说明了PMES算法的性能远优于FullyConv LSTM算法，且算法的收敛速度更快。尽管PMES算法的平均得分并没有超过Relational Agent[171]，但从结果中可看出我们所提出的算法只需要在 300K 更新后便可达到一个比较高的分数，而 Relational Agent进行了 10M 次更新。因此，由以上结果可看出，PMES 算法远优于其他算法。

接下来，我们将分析每个算法的训练过程。回顾 AC 算法的推导过程，可以看出状态值直接反映了智能体在未来可得到的奖励值。当一个任务或子任务完成时，智能体将会得到相应的奖励，因此根据初始状态值的变化可看出智能体是否学会该任务。接下来，我们将基于三种初始状态值的变化过程来阐述 PMES 算法的“奖励自适应”机制。另外，图 6 –5 展示了每种算法在最后一个回合的游戏截屏。

A2C 算法的训练过程：图 6 –6 详细地展示了 A2C 算法的训练过程。从图 6 –6（a）中可看出，在训练的过程中，智能体的得分并不稳定，大概在 12 分上下波动。图 6 –6（b）展示了三个子环境 SubEnv – A，B，C 的初始状态值的变化。从图中可看出，随着训练的进行，C 曲线的值逐渐增加，这说明了智能体可以得到来自“建造陆战队”子任务的奖励。但是，A 曲线的值一直保持在一个很低的水平，这说明智能体并没有学会如何从原始环境的初始状态出发稳定地执行该任务。我们通过回放视频来直接验证这些推断，图 6 –5（a）是采用该算法训练的智能体所生成的游戏交互画面。对比图 6 –5（e）中 PMES 算法的游戏画面，可看出 A2C 算法几乎没有建立补给站。由此可得，该算法不能成功完成该任务的主要原因是智能体甚至没有学会第一步——“建造补给站”这个子任务。此外，图 6 –5（a）中展示了一个很有趣的画面——在没有攻击惩罚的情况下，建好的兵营被几个意外建造的陆战队员破坏，由此可看出，对智能体的攻击行为进行惩罚是非常有必要的。

奖励塑形算法的训练过程：从图 6 –5（b）的游戏重放画面中可看出，该智能体消耗了大量的资源去建造补给站，这与图 6 –7（a）中的奖励值变化过程一致。该图包含了三条曲线：*Main Rewards* 是建造陆战队员获得的奖励值；*Shaping Rewards* 是所有辅助奖励之和，例如建造/损坏/攻击补给站及兵营的奖励之和；*All Rewards* 是用于训练智能体的奖励值，是 *Main*

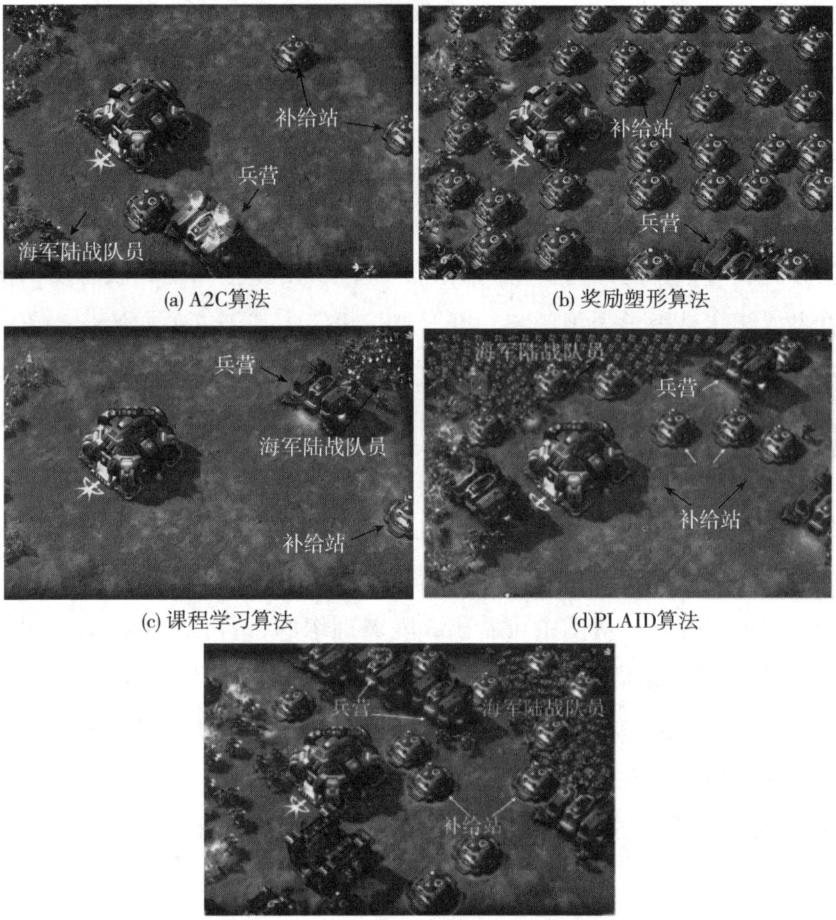

(a) A2C算法　(b) 奖励塑形算法

(c) 课程学习算法　(d)PLAID算法

(e) PMES算法

图 6－5　5 个算法的场景回放画面

注：所有画面都是在最后一个回合的最后一分钟内捕捉的（整个回合共计 15 分钟）。关键的单元已在图上标明，这些游戏画面描绘了每种算法可建造的陆战队员的情况，且通过游戏画面可直观看出一些算法无法建造陆战队员的原因。

Rewards 与 *Shaping Rewards* 之和。在训练的过程中，智能体每建造一个补给站都将会得到 $+\frac{1}{9}$ 的奖励值，但 *Shaping Rewards* 的值大概稳定在 5 左右，这说明智能体花费了大量的资源用于建造补给站，导致没有足够的资源去建造兵营和陆战队员。进一步地，从图 6－7（b）中可以看出，在训练的过程中 A 和 B 曲线的值几乎保持不变。对比 PMES 算法，可看出当缺乏自

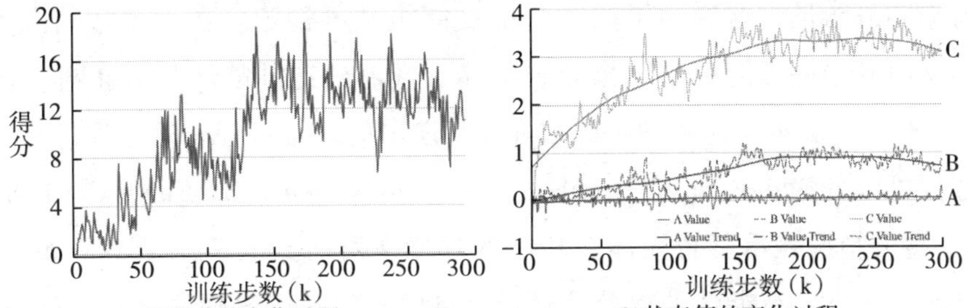

(a)得分的变化过程　　(b)状态值的变化过程

图 6－6　A2C 算法的训练过程

注：(a) Score 是建造陆战队员获得的奖励值。(b) SubEnv－A，B，C 为初始状态值的变化过程。这里，我们对 SubEnv－A，B，C 三个子环境中的初始状态值进行追踪，每个数据点是同一个环境下 704 个初始状态采样的平均值。为了清楚地阐述趋势的变化，我们采用带有滑动窗口的多项式对曲线进行拟合，记为 A (B，C) Value Trend。

适应的奖励机制时，智能体易被小的瞬时奖励所吸引，无法意识到建造陆战队员可得到长期丰厚的回报。因此，奖励塑形算法性能差的主要原因是资源的不合理分配以及短视的策略。

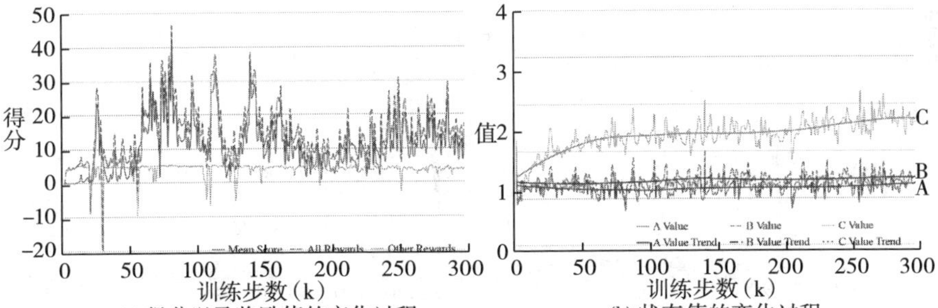

(a) 得分以及奖励值的变化过程　　(b) 状态值的变化过程

图 6－7　奖励塑形算法的训练过程

注：(a) 奖励塑形算法的奖励值包含两部分：Main rewards 是来自建造陆战队收到的奖励值，Shaping Rewards 是收到的辅助奖励值，如建造补给站和兵营获得的奖励，All Rewards 是训练过程中所用到的奖励值，等于 Main Rewards 和 Shaping Rewards 之和。(b) 训练过程中初始状态值的变化过程，A、B、C 曲线代表的含义与图 6－6 中的含义相同。

课程学习算法的训练过程：在该算法的 5 次训练结果中，最好的一次实验结果大概建造了 70 个海军陆战队员，而其他 4 次实验只建造了 5～10

个海军陆战队员，这说明了该算法的性能极其不稳定。在大多数情况下，课程学习算法并不能稳定地指导智能体去学习建造陆战队员的正确步骤。图 6 –8（a）展示了课程学习算法在每个阶段的训练过程。根据训练环境，该过程可以分为 4 个阶段：SubEnv – A、SubEnv – B、SubEnv – C 和 OrigEnv。得分情况表示了智能体在相应的环境下可得到的奖励值，例如，在 SubEnv – A 下，智能体的得分是建造和摧毁补给站的奖励值之和。从图中可看出智能体在前三个子环境下的得分都可达到一个较高的水平，这说明了学习单个子任务比较容易。但原始环境 OrigEnv 下的得分在 5 分左右，这意味着前阶段的学习对于智能体从头开始完成任务几乎没有任何帮助。进一步地，如图 6 –8（b）所示，三个子环境的初始状态值存在明显的跳跃。这说明了智能体在新环境下学习时会很快忘记在上一阶段所学到的知识。从图 6 –5（c）的游戏回放画面中可看出，补给站和兵营的数量都比较少，这意味着在训练的过程中课程学习算法并不能保留之前阶段所学到的知识，即忘记了如何建立补给站和兵营。

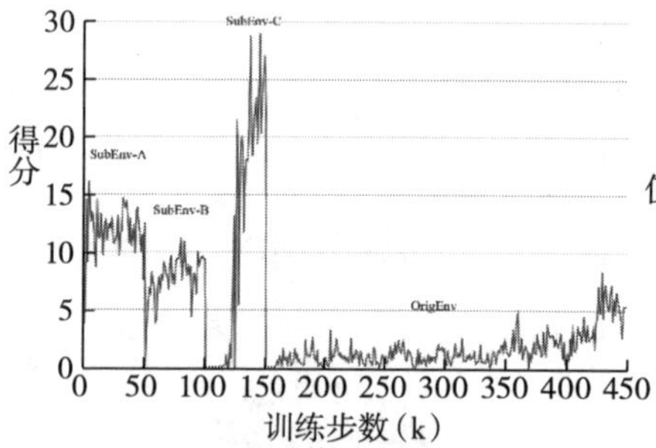

(a) 奖励值的变化过程

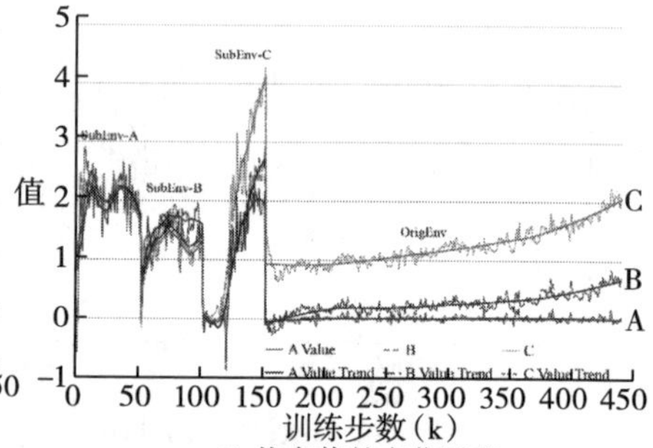

(b) 状态值的变化过程

图 6 –8　课程学习算法的训练过程

注：(a) 课程学习算法的奖励值。它包含了四个不同训练环境下的阶段：SubEnv – A、SubEnv – B、SubEnv – C 和 OrigEnv。每个阶段的得分值是智能体在相应的环境下得到的奖励值。(b) 训练过程中初始状态的变化过程，A、B、C 曲线的含义和图 6 –6 一致。

PLAID 算法的训练过程：与课程学习算法不同的是，PLAID 算法包含了 6 个阶段，分别记为 SubEnv – A、SubEnv – B、Distill – AB、SubEnv – C、Distill – BC 和 OrigEnv。新增加的两个阶段是“蒸馏”阶段。在 Distill – AB

阶段，一个新的智能体被训练从两个专家策略 π_A 和 π_B 中提取知识。在蒸馏阶段完成后，新的智能体可以同时掌握这两个策略的知识。如图 6－9（a）中的奖励值曲线所示，在蒸馏阶段，两条奖励值曲线分别对应于智能体在两个子环境下的性能。从 Distill－BC 最后阶段的奖励值可看出，该智能体已经学会了如何建造兵营以及海军陆战队员。“蒸馏”这个过程解决了迁移学习中存在的知识遗忘问题，且从 OrigEnv 的奖励值可看出，智能体在一开始就知道如何从初始状态建造陆战队员。另外，图 6－9（b）中 C 曲线的值低于 B 曲线的值，这是因为在 Distill－AB 的训练过程中，智能体并没有学到 SubEnv－C 的知识。在 Distill－BC 阶段，C 曲线的值超出 B 曲线的值，这说明了经过 SubEnv－C 下的训练，智能体已经学会了“建造陆战队”这一任务。在最后一阶段，该算法的得分已经超过课程学习算法的得分，这说明了“蒸馏”过程可使得智能体有效地记忆知识。结合图 6－5（d）可看出兵营的个数限制了陆战队员的建造，这说明该算法没学会合理地配置资源。

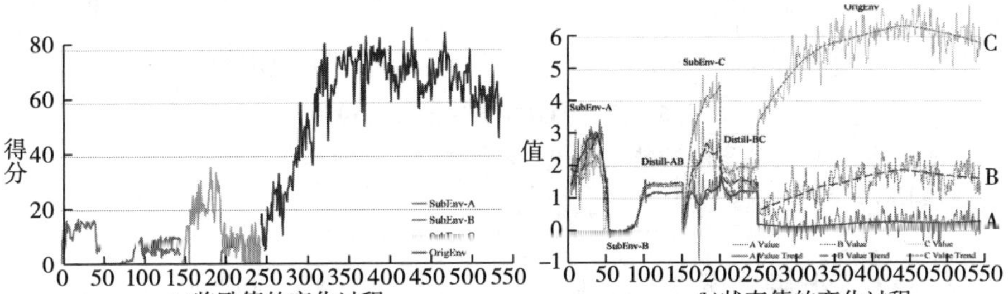

(a)奖励值的变化过程　　(b)状态值的变化过程

图 6－9　PLAID 算法的训练过程

注：（a）PLAID 算法的奖励值，它包含了 6 个不同的训练阶段：SubEnv－A、SubEnv－B、Distill－AB、SubEnv－C、Distill－BC 和 OrigEnv。每个阶段的得分是智能体在相应环境下得到的奖励值。另外，蒸馏阶段同时包含了两个环境。（b）训练过程中初始状态的变化过程，A、B、C 曲线的含义与图 6－6 一致。

PMES 算法的训练过程： 从图 6－10 中可以看出，在训练的初始阶段，A、B、C 三条曲线的值同时增加，这说明了该算法所提出的“并行训练机制”的有效性。从图 6－10（a）的变化过程中可以看出，在模型进行 60 K 次更新后，智能体已经学会了从初始状态开始去建造陆战队员。从图中我们可看出 A 和 B 曲线的值在此时逐渐下降，这是因为该算法的奖励自适应机制使得模型分配给“建造补给站”和“建造兵营”这两个子任务的奖励值降低。相比，C 曲线的值主要受“建造陆战队”这一子任务的影响，它在整个变化过程中相对稳定。另外，对比图 6－10 中的 PMES 算法与其他几个算法的状态值的变化过程，我们发现这种特殊的奖励自适应机制只存在于 PMES 算法中。同时，结合图 6－5（e）的游戏画面，可看出补给站和兵营的比例十分均衡，且已经建造了大量的海军陆战队员。这说明了该智能体不仅可以逐步完成任务，而且可以合理地配置资源。因此，基于以上分析，可看出 PMES 算法的性能远超其他算法。

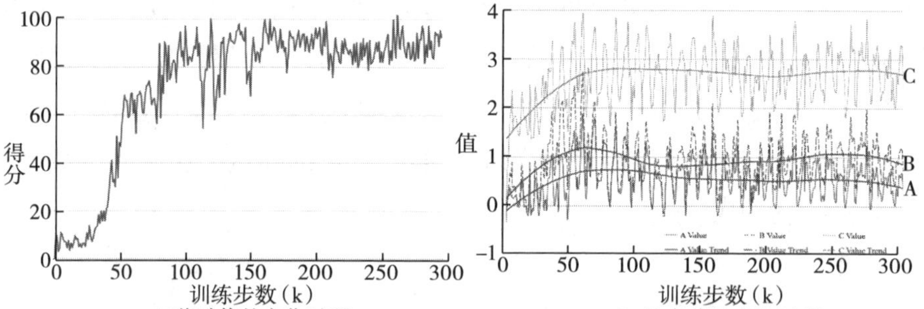

(a)奖励值的变化过程　(b) 状态值的变化过程

图 6－10　PMES 算法的训练过程

注：（a）PMES 算法的奖励值。（b）训练过程中初始状态值的变化过程。A、B、C 曲线的含义与图 6－6 一致。

6.3.2　消融实验

在这一部分，我们将阐述领域知识对于设计辅助环境的重要性，同时分析了 PMES 算法中辅助环境设置的合理性及局限性。

领域知识的重要性： 回顾子环境的设计过程，我们不仅考虑了“建造”建筑物和海军陆战队员的动作，而且考虑了“破坏”和“攻击”动作。为阐述领域知识的重要性，我们设计了两组对照试验，逐步从 PMES 算法的几个子环境中移除部分动作。第一个模型称为 PMES_ RP 模型，它包含了 3 个子环境 SubEnv－A、SubEnv－B、SubEnv－C** 及主环境 Orig-Env，其中，SubEnv－C** 是从子环境 SubEnv－C 中删除了“攻击”动作。

另一个模型称为 PMES_ R，它是从 3 个子环境中移除了“攻击”和“破坏”这两个动作，新环境被记为 SubEnv - A*、SubEnv - B*、SubEnv - C*。这几个新环境的设置如表 6 - 3 所示，这两个模型的结果如图 6 - 11 所示。从图中可看出，移除“攻击”动作的 PMES_ RP 模型的平均分数远低于 PMES 算法。进一步地，在 PMES_ R 模型中，“攻击”和“破坏”两个动作的移除不仅导致相应的分数降低，而且收敛速度变慢。由此可看出，合理地引入领域知识可有效地提高算法的性能。

表 6 - 3　额外子环境的配置

设置	控制中心	补给站	兵营	陆战队员
SubEnv - A*	—	+1/0/0	—	—
SubEnv - B*	—	—	+1/0/0	—
SubEnv - C*	—	—	—	+1/0/0
SubEnv - C**	—	—	—	+1/ -1/0

注：初始状态和表 6 - 1 相同，三元组数分别相应于建造、破坏、攻击三个动作的奖励值。

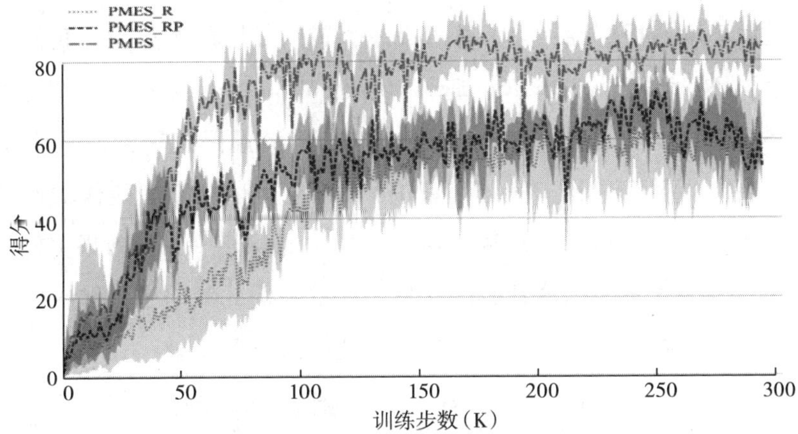

图 6 - 11　编码不同的信息到子环境中对模型性能的影响

注：PMES_ R 模型对“建造”这一动作进行奖励；PMES_ RP 模型对“破坏”进行了惩罚；PMES 模型又对“攻击”动作进行了惩罚。编码越多的知识在子环境中，模型的性能越好。每组实验都执行了 5 次。

子环境个数的影响：在该工作中，每个模型都同时与 16 个并行的环境进行交互。我们通过几组对比实验来分析不同环境的个数对模型性能所产生的影响，如图 6－12 所示。从图中我们可看出，PMES 算法的性能与环境的个数密切相关。尽管如此，PMES 算法在非最优配置下的性能仍超出其他几个算法的性能。

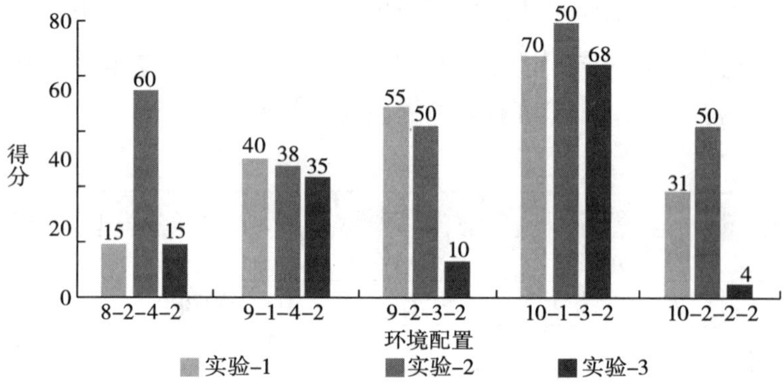

图 6－12　环境个数配置对模型性能的影响

注：横坐标的四个数字分别代表了四个环境（OrigEnv、SubEnv－A、SubEnv－B 和 SubEnv－C）的个数。每个模型都进行了 75K 次更新。

辅助环境的重要性：为了说明每一个辅助环境的重要性，我们只采用了三个子环境 SubEnv－A、SubEnv－B 及 SubEnv－C 中的一个作为模型的辅助环境进行实验，模型参数与之前的实验设置保持一致。从实验结果（见表 6－4）中可看出，辅助环境的引入可显著地提高智能体的性能。另外，引入子环境 SubEnv－B 和 SubEnv－C 比 SubEnv－A 的效果更好，这是因为 SubEnv－A 的引入会让智能体陷入局部最优的策略中，即花费大量的资源在“建造补给站”上，而不是“建造陆战队”上。

表 6－4　只采用一个子环境的 PMES 算法

	环境配置				奖励	
	OrigEnv	SubEnv－A	SubEnv－B	SubEnv－C	均值	最大值
Setting A	10	6	0	0	5	10
Setting B	10	0	6	0	45	69
Setting C	10	0	0	6	32	65

注：每一个模型都进行了 300K 次更新。

6.4 小结

在本章中，我们提出了一个新颖的深度强化学习算法来学习复杂多步骤任务，称为 PMES 算法。该算法通过构建几个子环境来有效地传递领域知识给智能体。在 PMES 算法中，智能体同时与多个不同的环境进行交互，来加速训练。更重要的是，PMES 算法具有奖励自适应的机制，即模型可依据训练过程自适应地对奖励函数进行调节。这种奖励自适应机制不仅可以指导智能体有效完成任务，而且可以避免让智能体陷入短期、局部最优的策略中去。在星际争霸迷你游戏上的实验结果充分阐述了 PMES 算法的有效性，其性能已远超目前已有的几个最先进算法。

7 深度强化学习在工业智能运维中的应用

7.1 引言

近年来，深度强化学习算法的发展也受到工业运维领域的关注，已被广泛应用于智能决策设计、故障诊断、健康管理、运行调度等场景。基于传统机器学习的方法需要经过信号处理、数据降维、特征提取以及特征选择等步骤，流程烦琐且依赖专家经验，主观性较强，在实际应用中具有较大的局限性；而深度强化学习的优势在于其能够构建端到端的故障诊断架构，直接将原始故障数据映射到相应的故障模式，避免了传统方法中烦琐的信号处理、数据降维、特征提取等步骤。本章对深度强化学习方法在工业智能运维领域中的应用进行了综述，期望能够启发读者将深度强化学习算法应用在更多的工业场景中，并取得更加显著的成果，进而推动智能决策理论的发展。

7.2 深度强化学习在智能运维中的优势

在这一部分，我们更加具体地阐述了深度强化学习算法在智能运维领域的优势。

7.2.1 无须收集和标注数据

强化学习算法的自主学习特性减少了对标注数据和训练过程的依赖，提高了算法的可扩展性。传统的监督学习方法通常需要大量标注数据进行模型的训练，但是这在实际应用中往往是昂贵且困难的。相比之下，在强化学习算法下，智能体通过与实际环境进行动态交互，实时生成训练样本，并基于奖励函数来对模型进行动态更新，无须对样本数据进行标注。这不仅降低了收集和标注数据的成本，还使得算法更容易适应不同的任务和工况。这种自主学习的特性使得深度强化学习在实际应用中更具可行性，能够更灵活地适应不同的故障诊断场景，提高了系统的实用性和扩展性。

7.2.2 降低对故障机理、先验模型的依赖

相比于传统的机器学习算法，深度强化学习算法降低了对故障机理和先验模型的依赖，提高了故障诊断的泛化性。传统方法在故障诊断过程中通常需要深入理解系统的工作原理，构建详尽的物理模型或基于专家知识的先验模型，这使得这些方法在面对复杂系统和多样化故障模式时往往表现不佳。而深度强化学习通过与实际环境动态交互并动态更新模型，使得模型可以自动探索并建模系统内部复杂的动态关系，无须人为地选择特征参数和变换方法，减轻了对系统内部工作原理的依赖。这一优势使得深度强化学习算法更适用于实际应用场景，尤其是在故障机理复杂或不完全已知的情况下，提高了诊断模型的泛化性和适应性，实现了“端到端”的智能故障诊断。

7.2.3 策略优化能力

深度强化学习算法在智能运维的另一大优势是其具有出色的策略优化能力。传统的故障诊断方法往往需要手动设计特征和制定规则；而深度强化学习算法结合了深度学习和强化学习的优势，具备强大的表征学习能力，且它通过端到端的学习，能够直接从原始数据中提取有用的特征，实现对复杂策略的自动优化。这种优势使得深度强化学习不仅可以处理高维和复杂的故障数据，完成更加复杂的运维策略调度等任务，而且在智能运维中能够更灵活、更高效地进行策略优化；这种优势不仅完成了单一的故障检测、隔离和诊断任务，还大大提高了系统的自适应性和智能性。

7.3 强化学习算法在各工业领域中的应用

由于强化学习算法的优势，使得它已被广泛应用到工业智能运维的各行各业，接下来，我们总结了强化学习在工业运维方面的十个应用。

7.3.1 航空发动机的维修策略优化

航空发动机是航空器的主要动力来源和引气装置，其安全性对航空器来说尤为重要。且它是具有较长使用寿命的复杂装备，为保证其安全运行，需要在全使用寿命周期内对发动机进行多次维修。有研究者结合强化学习算法设计了一套航空发动机维修策略优化方法[179]。

在基于强化学习的航空发动机维修策略优化方法中，强化学习中的智能体可看作是一个虚拟的机务工程师，其主要工作是根据发动机状态决策维修动作。智能体执行的维修动作会改变发动机状态，并产生相应的维修动作成本。智能体需要通过不断的训练才能具有足够的“经验”以针对不同发动机状态做出正确的维修动作决策。智能体的训练过程也就是发动机维修策略优化的过程。在强化学习中，智能体的训练过程可由策略迭代和值迭代等算法具体实现。图 7 -1 为传统优化方法与基于强化学习的维修策略优化方法对比。该优化方法利用多维状态空间表征航空发动机状态，根据机队运维策略和统计数据计算发动机状态转移矩阵，以长期维修成本最低为优化目标并在强化学习框架下应用 Gauss - Seidel 迭代方法实现了发动机混合维修策略的全寿命协同优化。

在强化学习框架下，该问题所对应的有发动机状态空间、维修动作以及奖励函数。发动机状态的多维状态空间主要包含三部分：寿命件状态、性能状态和随机故障状态。维修动作集合包括三部分：寿命件更换维修动作、性能恢复维修动作和随机故障维修动作。维修动作成本主要包含五部分：发动机的运行成本、发动机寿命件更换维修成本、发动机性能恢复维修成本、发动机排故维修成本以及其他成本，将该成本作为奖励函数来寻找最优动作。

此外，还研究了机队范围内进行航空发动机维修策略优化，来实现机

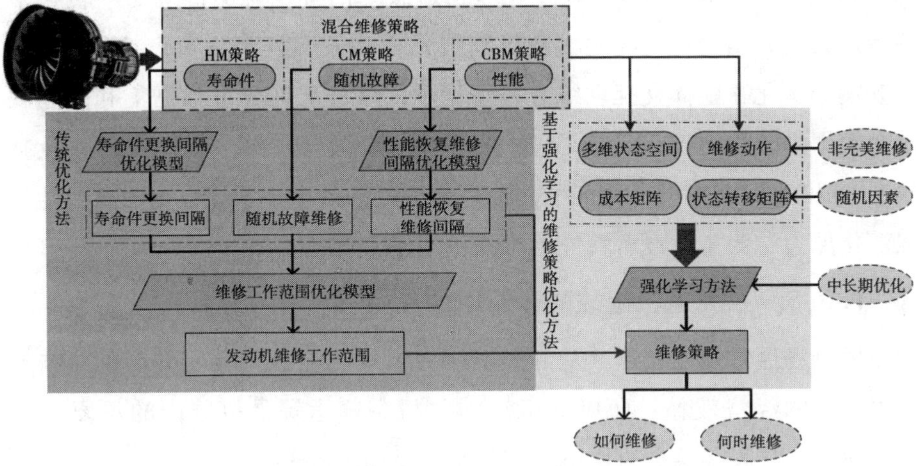

图7－1 传统优化方法与基于强化学习的维修策略优化方法对比示意[179]

队资源的合理配置和发动机的合理调度，从而进一步降低机队运维成本[179]。具体来说，将传统 DQN 中的单智能体结构拓展为多智能体结构，每个智能体均采用一个卷积深度学习网络感知机队状态并决策所对应发动机的维修动作，结合约束条件决策各台发动机的维修动作，各台发动机维修动作最终融合构成机队维修策略。

7.3.2 在燃气轮机故障诊断中的应用

燃气轮机是一种以气体为媒介，将热能转化为动能的动力旋转机械，其具有热效率高、安全性强、稳定性好等优点，在民用和军事的很多领域得到了广泛应用。燃气轮机转子作为其关键部件，结构复杂，运行过程中会受到转速变化快、受力不均匀、运行环境恶劣等因素的影响。传统燃气轮机转子故障诊断方法包括基于模型的方法和基于数据驱动的方法等。但是基于模型的方法需要有深厚的理论基础和复杂的计算，会耗费大量的时间与精力，对于复杂机电系统，还存在机理不清、系统复杂建模困难等问题。

针对燃气轮机转子传统故障诊断方法精度低、特征提取困难的问题，崔英杰等[180]提出一种改进的深度 Q 网络（DQN）智能诊断方案：通过一维宽卷积网络（WDCNN）直接处理原始振动信号，避免传统二维转换中的特征丢失；结合优先经验回放机制强化稀缺故障样本学习，并利用 ε - 贪婪策略优化智能体交互训练。实验显示，该方法在标准数据集和实际试车台数据中分别达到99.2%和98.7%的准确率，较传统 CNN、LSTM 及基础 DQN 模型显著提升，验证了其在复杂工况下处理不平衡数据的高效性与强泛化能力，为工业设备智能运维提供了端到端的决策支持。

7.3.3 在风电机组故障诊断中的应用

风电场通常地处偏远，受到极端恶劣天气影响故障频发，严重影响了风力发电的经济效益。而风电机组中电机、轴承等是机组中的重要零部件，故障一旦发生会严重影响风电机组的运行效率和安全性。

传统的故障诊断方法存在局限性，例如依赖先验知识、缺乏自适应性和通用性，以及需要大量标注数据和训练过程。成志伟等[181]提出了一种基于 DQN 强化学习方法的智能诊断方法，其主要思想是利用深度神经网络来近似动作价值函数，并通过与环境的交互学习最优策略。首先，利用 DQN 从原始振动信号中自动提取特征，并根据奖励信号自主学习最优策略，实现风电机组轴承故障的自动识别和分类。其次，设计了一个合理的状态空间、动作空间、奖励函数和探索策略，使得 DQN 能够有效处理风电机组轴承故障诊断问题。

另外，针对传统电机轴承故障诊断依赖人工特征提取和专家经验的问题，祁江伟提出基于深度强化学习的端到端智能诊断方法[182]。以振动信号为数据源，首先通过机理分析明确轴承故障特征，提出基于全局平均池化的 GAP - CNN 模型，实现一维振动信号直接特征提取，在平衡数据中表现良好；进一步针对实际样本不平衡场景，设计改进奖励机制的 DQN 模型，通过个性化奖励值提升诊断鲁棒性；最后提出 SED - DQN 算法，采用动态衰减探索策略优化训练效率，在变负载和复杂工况下验证了模型的高精度和强泛化能力，实现了从原始信号到故障分类的自主智能诊断闭环。此外，针对模型收敛速度慢、交互次数多的问题，提出了一种基于拉伸指数衰减的 ε - 贪婪策略，利用拉伸指数衰减函数来解决智能体的探索—利用困境，以改进智能体的探索过程，加快智能体故障诊断的过程。

7.3.4 在核电装备诊断中的应用

旋转机械故障的发生可能会导致重大事故，如流量损失或涡轮紧急停机，将严重威胁核电厂的运行安全。人工智能算法采用数据驱动的方式，直接通过对样本学习进行故障诊断，无须依赖于设备的故障机制或物理模型。然而，由于工厂对运行安全性的高要求，使得累积的故障样本很少。因此，小样本学习具有很大的挑战性，这严重影响模型的性能。而深度强化学习算法结合了深度学习算法的自动特征提取和强化学习算法交互式学习的优势，具有更好的学习能力和鲁棒性。

针对核电站旋转机械（如主循环泵、汽轮机）在高温高压环境下故障样本稀缺、传统诊断依赖人工经验的难题，Qian 等[183]提出一种基于深度强化学习（DRL）的智能诊断方法：通过融合 CNN（处理频谱特征）和 GRU（捕捉时序特征）构建双模型框架，结合 ε - 贪婪策略与经验回放机制，实现小样本下故障特征的自适应提取与交互式决策优化。实验显示，该方法在训练样本仅 5% 时仍保持 93.9% –97.3% 的准确率，且 CNN – RL 与 GRU – RL 模型诊断准确率均超 99%，较传统 SVM 和单一深度学习模型提升显著，验证了其在核电站复杂工况下高效挖掘故障特征的能力，为高安全性场景的智能运维提供了小样本学习新思路。

针对核电站设备故障诊断中健康样本（多数类）与故障样本（少数类）类别不平衡导致传统模型失效的问题，Zhong 等[184]提出一种基于深度强化学习（DRL）的解决方案：通过 Double DQN 算法构建序列决策框架，设计差异化奖励机制（少数类奖励值更高）引导智能体强化故障特征学习，并结合 Dueling Network 分离状态值与动作优势值以优化 Q 值估计。实验基于轴承与齿轮箱数据集，模拟不同不平衡率（1% –100%），结果显示：在 10% 以下高不平衡场景中，DRL 的加权 F1 分数显著优于传统 CNN，且抗不平衡能力更强（如 5% 不平衡率时 F1 分数高 8% –12%），但在极端不平衡（1% –5%）时仍存在训练瓶颈。该方法通过交互式策略学习，为核电站设备的小样本故障诊断提供了动态决策支持。

7.3.5 在高铁牵引电机诊断中的应用

牵引电机是高速列车能量转化、动力来源的核心设备，对高速列车的安全运行至关重要。然而，牵引电机随着时间推移，部件会逐渐老化、性能衰退，导致故障发生频次高，甚至威胁高速列车行驶安全。图 7－2 为 CRH2 型高速列车的牵引电机安装结构示意图。

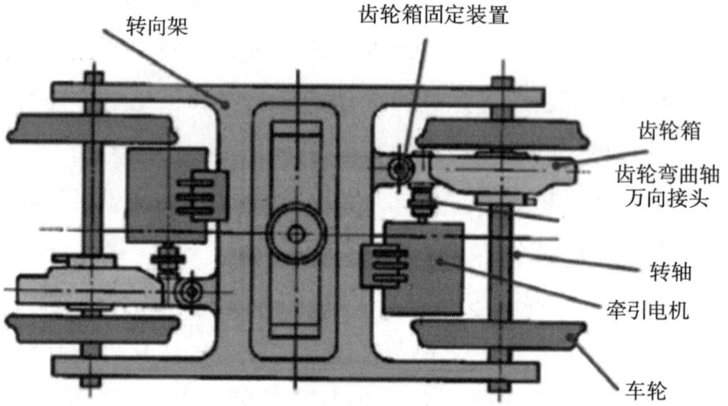

图 7－2 CRH2 型高速列车牵引电机安装结构[185]

在高铁牵引电机智能诊断领域，深度强化学习算法通过融合状态感知与自主决策能力，为复杂工况下的电机健康管理提供了创新解决方案。针对高速列车牵引电机因部件老化引发的故障检测与诊断难题，如转子断条、匝间短路、气隙偏心等典型故障，戴柳祥[185]创新性地提出了一系列基于自适应长短期记忆 Q 网络（LSTM－Q）的故障诊断框架。该研究针对牵引电机三相电流信号具有强时间依赖性及周期性变化的特点，构建了长短期记忆 Q 网络模型及其改进型 MRP 范式变体。其核心方法包含两个关键阶段：首先通过马尔可夫状态转移过程对原始电流时序数据进行特征重构，将非平稳信号转化为具有状态转移规律的特征序列；随后设计经验回放缓存池机制，使智能体能够通过离线学习特征状态间的关联模式，动态建立状态空间与故障概率分布的映射关系。这一方法为牵引电机的全生命周期健康管理提供了可迁移的智能决策范式，对实现不同转速工况下的牵引电机的自适应故障诊断具有重要意义。

7.3.6 水泵系统控制与诊断

在我国城市供水体系中，由于泵站大多采用人工调节的方式，其往往根据历史经验制定各水泵运行转速和启停方案，虽然可满足当前用户端的用水需求，但未考虑供水泵站总体运行效率，存在运行效率低下、能量浪费问题。在满足城镇居民用水需求的前提下，通过提升供水泵站中的泵组总体效率和运行可靠性所带来的效益十分可观。

在泵组运行效率优化方面，陈财会等[186]提出基于深度 Q 网络（DQN）的强化学习算法，通过实时获取泵组运行状态数据，动态优化水泵的运行参数（如转速和启停策略），确保各水泵在高效区内协同工作，从而显著提升泵组整体效率。以深圳市某水厂为例，该算法相较于人工调控降低了 8.84% 的能耗损失，年均可节约吨水电耗 1.27 × 10 − 2kW · h/t，经济效益和节能效果显著。这一成果验证了 DQN 算法通过马尔可夫决策过程建模泵组状态空间、动作空间和奖励机制的可行性，其在线学习特性还可适应供水需求的动态变化。

在故障诊断领域，Ding 等[187]的研究团队创新性地构建了交互式诊断环境，将滑靴松动、阀盘磨损等常见故障的诊断过程转化为强化学习任务。通过堆叠自动编码器构建智能体，并采用经验回放和目标网络分离技术增强 DQN 算法的稳定性，实现了高精度的故障状态识别与分类。该方法为泵组运行可靠性提升提供了智能化解决方案，其“观察—行动—奖励”的交互机制可有效挖掘复杂工况下的故障特征。

实践表明，智能化调控技术可兼顾供水稳定性与能源效率，推动泵站从“经验驱动”向“数据驱动”转型。随着数字孪生、物联网等技术的深度融合，未来有望实现泵站全生命周期优化，为城市水务系统节能降耗提供持续动力。

7.3.7 在电网故障诊断中的应用

随着“碳达峰、碳中和”口号的提出，电网的稳定性及其韧性对国民经济生活的影响越来越大。考虑到电力系统的各个组件常年在复杂的环境中运行，加上近些年新能源接入电网的比例逐渐提高以及提倡多主体参与的电力市场改革进入深水区，电网的稳定安全面临着一个更为复杂严峻的形势。一旦某一区域发生故障，如果不能及时判断故障类型并做出相应的隔离补救措施，很可能会导致大面积的停电，危及整个电网系统的运行安全，导致国民经济出现重大损失。

针对上述挑战，张焕明[188]提出了样本数据不平衡场景下基于 DQN 的电力系统故障诊断方法，通过 DQN 对电网模型的故障参数进行识别来进行故障诊断。此外，针对电网停电恢复过程中涉及的可再生能源出力不确定性影响的问题，提出了基于优势演员—评论家的停电恢复算法。在电力系统仿真软件 Pandapower 的基础上搭建了电网故障停电恢复模型，详细讨论了算法的网络架构设计，奖励函数与评估指标等问题。这为构建“感知—决策—执行”一体化的电网韧性提升体系提供了关键技术支撑，标志着电力系统安全防御正式进入“自主演进”的新阶段。未来随着数字孪生与联邦学习技术的深度融合，电网安全防护将实现从“单场景优化”到“全生命周期自进化”的跨越式发展。

7.3.8 在光伏电站故障诊断中的应用

太阳能作为一种清洁能源，在国家的大力支持下，光伏发电的规模不断扩大。但单纯的扩大规模并不一定就能够实现其节能减排的目的，还要保证光伏电站以高质量、高效率、健康的方式运行，而对光伏电站运行情况进行全面监测并且及时进行故障诊断，这些对于光伏电站的高质量运行具有重要的意义。

代爽[189]通过对光伏电站故障诊断过程与深度增强学习算法思想的分析，从增强学习的主要要素环境、状态、策略、回报等出发，设计了基于 DQN 的光伏故障诊断模型。相比于 Q 学习，SARSA 学习更加看重每一步的决策，更加谨慎小心，其将 SARSA 算法引入到 DQN 算法，再结合回放缓冲区对各个样本赋予不同优先级的抽样概率，使得其抽样概率保持单调。实验结果表明基于深度强化学习的故障诊断方法在光伏电站诊断问题上取得了很好的应用效果。

7.3.9 在空调系统诊断中的应用

在空调系统长期运行过程中，设备老化与能效衰减呈现显著动态耦合特征。已有研究表明，制冷剂泄漏、压缩机磨损等典型故障不仅会导致系统能效下降 12.4% ~ 37.6%，更会引起建筑整体能耗激增 18.6% ~ 29.3%。这种能效劣化效应源于多重因素：其一，故障设备需提升运行功率维持原有制冷量，导致边际能耗急剧上升；其二，异常运行状态引发二次设备过载，形成能耗放大效应；其三，系统控制参数失配造成能源调度失衡。因此，空调系统的故障诊断对建筑物的节能具有重要意义。

针对该领域的技术难点，陈其强[190]通过对空调系统进行马尔科夫建模，提出了一种基于生成对抗网络的最大熵逆强化学习算法来解决逆强化学习初期奖赏稀少的问题，并成功应用于空调系统故障的预测诊断。此外，还引入了终身学习概念，通过寻找到一组可以近似所有关联任务的奖赏函数，以实现对多个空调系统故障的预测诊断。

7.3.10 建立故障诊断知识图谱

故障诊断是工业资产运营和维护中的关键问题。故障诊断知识图谱可以为工程师提供决策支持，以便高效地进行维护任务。知识图谱可分为通用知识图谱和领域知识图谱两种类型。通用知识图谱基于大量全面而合理的语料库构建。由于具有庞大的可用数据集，基于深度学习的智能实体识别和关系抽取方法可以极大地推动通用知识图谱的发展。但是，工业知识具有复杂的层次结构和关系，通用知识图谱无法完全涵盖。与通用知识图谱不同，领域知识图谱仅关注特定领域，其本体论与通用知识图谱不同。

故障诊断知识图谱属于领域知识图谱，其与一般的知识图谱的差异很大。在故障诊断的知识图谱构建中，主要挑战是实体之间的关系抽取。如果不能正确提取实体之间的关系，知识图谱的质量将受到损害，如图 7 – 3 所示的语料库中正确抽取实体关系。在关系抽取中，基于监督学习的方法已经显示出其有效性。然而，在具有大量数据的领域中，它们的性能通常受到标记数据不足的制约。

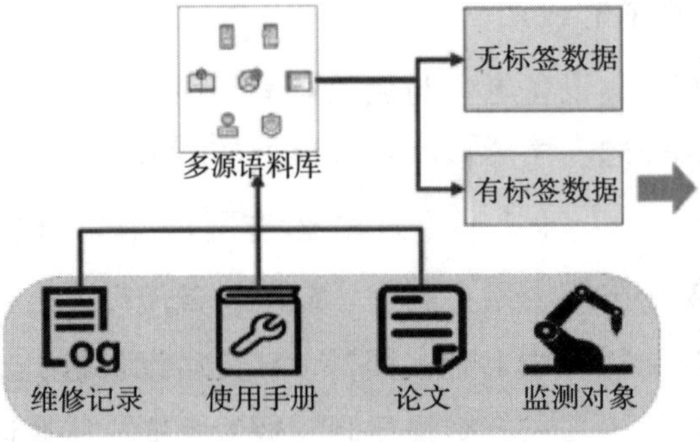

有标签数据描述

类型	总计
设备	1504
子设备	422
部件	863
零件	333
属性	653
属性值	646
状态值	1439
包括	1307
导致	1099
表现	2149
具有属性	650

图 7－3　用于建立故障诊断知识图谱所收集的语料库[191]

作为一种领域知识图，手动标记从多源收集的语料库，包括维护日志、手册和文章，将耗费大量时间。同时，多源语料库中存在的噪声句子会影响关系抽取建模的性能。针对该问题，Chen 等[191]提出了一种基于远程监督关系抽取（DSRE）的方法来构建故障诊断知识图。该方法首先设计了故障诊断知识图的本体论。随后，提出了一种名为关系感知的基于句子级注意力机制增强的卷积神经网络与强化学习策略的 DSRE 算法。该算法可以有效减小噪声句子的影响，并在标记数据不足时准确标记不同实体之间的关系。在这个算法中，分段卷积神经网络算法被设计为 DSRE 分类器，以有效提取实体对之间的对应关系；强化学习算法用于去除噪声句子，以进一步提高性能。

7.4　小结

深度强化学习在各行各业的智能运维中都有初步的应用研究，综上所述可以发现，目前的研究还处于初级应用阶段，还需进一步在深度强化学习算法的底层理论与实际应用中进行创新性工作。具体来说，现有方法还存在以下问题有待进一步解决：

（1）目前基于 DQN 故障诊断多以时频图像作为输入，在一维振动信号转二维图像过程中，有可能使得故障敏感特征的弱信息丢失，导致故障的敏感特征难以获取。所加入的时频表示的预处理也背离了“端到端”智能决策的初衷。

（2）故障诊断问题中通常都存在样本不均衡、代价不相同的问题，需要针对该问题设计专有的深度强化学习算法。

（3）深度强化学习中结合的深度神经网络，存在参数较多、容易过拟合的问题，需要进一步研究避免过拟合的策略，提高模型泛化能力，均衡所训练模型的偏差与方差。

（4）故障机理研究与智能决策并不是两个完全割裂的问题，在处理整个复杂系统问题时，可以结合特征提取和选择技术，将先验知识引入智能决策中，来提高算法性能。

8　总结与展望

8.1　总结

深度强化学习算法是近年来人工智能领域的研究热点。与传统的监督学习算法相比，该算法是一种更加接近人类思维方式的智能算法。随着大数据时代的到来，深度强化学习算法已经渗透到人类生活的方方面面，例如智能驾驶、推荐系统、量化交易等。然而，由于深度强化学习算法起步比较晚，目前仍处于初步发展阶段，还面临着很多的问题。例如，在学习时存在奖励稀疏、奖励函数难以训练，或者智能体无法有效地获取环境中的所有相关信息等问题。本书围绕深度学习和深度强化学习目前存在的问题及难点展开研究。主要完成了以下几方面的工作：

（1）针对神经网络中存在的“黑箱”问题，从信息论的角度对正则项工作原理给出了一种合理解释。正则项的提出主要用于处理神经网络中常出现的过拟合问题，但它是如何提升神经网络模型的性能却不为我们所知。因此，我们从信息瓶颈原理出发，对带有正则项的神经网络的目标函数进行分析，提出一个度量指标——AEntry 值，用于度量神经网络的隐层编码长度。我们在带有不同正则项的神经网络模型上进行了大量的实验，同时结合大脑感知系统“冗余性表示”的工作原理，得出以下结论：正则项的引入会影响神经网络隐层的编码方式，且不同的正则项会对模型的隐层编码产生不同的影响，适当地采用冗余的编码可有效提高神经网络的性能；神经网络的逐层编码长度并不能满足信息论中的数据处理不等式，这主要是由编码的冗余性引起的；过拟合的产生是由于引入了与目标不相关的信息。这些发现有助于设计出更好的正则项以提高神经网络模型的性能。

（2）针对传统的深度强化学习算法无法有效地提取金融市场环境中所有相关信息这一问题，提出了多模块并行的深度强化学习（PMMRL）算法。由于市场环境中的信息是复杂的，原始的深度强化学习算法常采用单一的网络如 FC、CNN 或 LSTM 等来提取特征，这种方式很难提取市场中的所有相关信息。因此，我们提出了一种并行的特征编码机制，即同时采用 FC 和 LSTM 从市场环境中提取特征，FC 模块主要用于提取当前市场特征，LSTM 模块主要用于提取长期历史趋势特征。这种并行的特征提取方式同时利用了 FC 和 LSTM 模块的优势，不仅可以使智能体有效地意识到当前的市场状态，而且可以使智能体了解到长期历史趋势特征。在 A 股市场上的大量实验结果表明，这种并行的特征提取机制是非常有效的；且与其他算法相比，PMMRL 算法在单资产交易问题上获得的收益更高，风险更低。

（3）在深度强化学习算法用于投资组合管理问题时，为了让智能体根据股票趋势的变化，动态实时地调整配置在不同股票上的比例，我们提出一种基于趋势一致的多智能体强化学习（TC－MARL）算法。我们建立了用于识别多只股票趋势是否一致的趋势一致判别器；基于趋势一致因子，分别引入两个不同的趋势一致正则项到目标函数中，构建了两个用于不同趋势状态下的交易智能体。即当股票的趋势一致时，采用智能体 1 进行交易；当股票的趋势不一致时，采用智能体 2 进行交易。系统可根据市场的变化，动态地在这两个智能体之间进行切换。实验结果表明，在投资组合问题上，所提出的 TC－MARL 算法获得的收益更高，回撤更低。

（4）针对复杂多步骤任务中存在的奖励稀疏、奖励函数难以训练等问题，提出了多环境并行的深度强化学习（PMES）算法。在该算法中，为了让智能体意识到中间步骤的重要性，我们构建了与每个关键步骤相对应的子环境，并在子环境中嵌入相应的中间步骤的奖励。在训练的过程中，智能体同时与多个子环境以及原始环境进行交互。以这种方式训练智能体，智能体可很容易地学会此任务。另外，PMES 算法可以根据训练阶段自适应地对奖励函数进行调整。在经典的强化学习训练场景——星际争霸“造兵”任务上的实验结果表明，PMES 算法可以更快速度达到收敛并获得更高得分，且该算法的水平已经达到了目前顶级玩家的水平。

（5）最后，我们对深度强化学习算法在工业智能运维中的应用进行了概述。

8.2 展望

本书首先针对深度学习的“黑箱”问题进行了研究，其次对深度强化学习算法在应用时出现的一些问题进行了改进。基于目前的研究成果，我们对未来潜在的研究方向作一探讨：

（1）到目前为止，已有很多工作对深度学习的工作原理进行了解释，但大部分研究都是基于全连接神经网络。但在实际应用中，CNN、LSTM、GRU 等网络结构的应用范围更广，效果也更好。接下来，我们将对 CNN、LSTM 等网络及一些常用技巧的工作原理进行分析，使得深度学习的“黑箱”更加透明化，并具有可解释性。这一研究有助于将这些算法更好地应用于自动驾驶、医疗和金融等高风险领域。

（2）类似于人工神经网络，强化学习算法模拟了大脑多巴胺的反馈调节机制。在生物体中，神经系统会不停地预测这一时刻的行为与下一时刻的奖励之间的关系，当预测出现问题时，就会通过神经递质——多巴胺来警告出现问题的预测神经元，让所有做出预测的神经元改变其预期；如果这个预测恰好满足我们的目的，预测的偏差和调整就会给我们带来快乐。强化学习算法正是模拟了这一工作机制，且已有研究发现多巴胺水平的高低与预期奖励的丰厚程度成正比。因此，我们考虑从生物学反馈调节机制的工作原理出发，来寻找一种更合适的奖励机制以提升强化学习算法的性能，这是一个非常值得尝试的研究。

（3）在量化交易领域中，交易者与其他市场参与者之间存在一个互相博弈的过程。我们考虑构建多个智能体，分别模仿交易者与其他市场参与者的交易活动。但目前已有的多智能体强化学习算法只是对每个参与者单独进行模拟，并没有考虑多个智能体之间的关系。而金融交易是一场零和游戏，智能体之间的行动是会互相影响的，因此我们需要从博弈论中的纳什均衡原理出发，构建包含多个参与者信息随着博弈而进行改变的动态模型，提出更合适的用于量化交易的多智能体强化学习算法。

参考文献

[1]Le Q V. Building high - level features using large scale unsupervised learning[C]// 2013 IEEE international conference on acoustics, speech and signal processing. IEEE, 2013: 8595 - 8598.

[2]He K, Zhang X, Ren S, et al. Deep residual learning for image recognition[C]//Proceedings of the IEEE conference on computer vision and pattern recognition. 2016: 770 - 778.

[3]Silver D, Huang A, Maddison C J, et al. Mastering the game of go with deep neural networks and tree search[J]. Nature,2016, 529(7587):484 - 489.

[4]Silver D, Schrittwieser J, Simonyan K, et al. Mastering the game of go without human knowledge[J]. Nature,2017, 550(7676):354 - 359.

[5]Brown N, Sandholm T. Superhuman ai for multiplayer poker[J]. Science, 2019, 365(6456):885 - 890.

[6]Serrino J S. Finding friend and foe in Avalon with counterfactual regret minimization and deep networks [D]. Massachusetts Institute of Technology, 2019.

[7]Tripathi B K. On the complex domain deep machine learning for face recognition[J]. Applied Intelligence,2017, 47(2):382 - 396.

[8]Wei J, Jian - Qi Z, Xiang Z. Face recognition method based on support vector machine and particle swarm optimization[J]. Expert Systems with Applications,2011, 38(4):4390 - 4393.

[9]Hoy M B. Alexa, siri, cortana, and more: An introduction to voice as-

sistants[J]. Medical Reference Services Quarterly,2018, 37(1):81 –88.

[10]Ram A, Prasad R, Khatri C, et al. Conversational AI: The science behind the alexa prize[J]. arXiv preprint arXiv:1801.03604. 2018.

[11]Manoharan S. An improved safety algorithm for artificial intelligence enabled processors in self driving cars[J]. Journal of Artificial Intelligence, 2019, 1(2):95 –104.

[12]Kim J, Lim G, Kim Y, et al. Deep learning algorithm using virtual environment data for self – driving car[C]// 2019 International Conference on Artificial Intelligence in Information and Communication (ICAIIC). IEEE, 2019: 444 –448.

[13]Dopico M, Gómez A, De la Fuente D, et al. A vision of industry 4.0 from an artificial intelligence point of view[C]// Proceedings on the international conference on artificial intelligence (ICAI). The Steering Committee of The World Congress in Computer Science, Computer Engineering and Applied Computing (WorldComp), 2016: 407.

[14]Butler – Adam J. The fourth industrial revolution and education [J]. South African Journal of Science,2018, 114(5 –6):1.

[15]Hastie T, Tibshirani R, Friedman J. Overview of Supervised Learning [M]// The Elements of Statistical Learning. New York, NY: Springer, 2009: 9 –41.

[16]Barlow H B. Unsupervised learning[J]. Neural Computation,1989, 1(3):295 –311.

[17]Sutton R S, Barto A G. Reinforcement learning: An introduction[M]. Cambridge, MA: MIT Press, 2018.

[18]Sallab A E, Abdou M, Perot E, et al. Deep reinforcement learning framework for autonomous driving[J]. Electronic Imaging,2017, 2017(19): 70 –76.

[19]Rohde D, Bonner S, Dunlop T, et al. Recogym: A reinforcement

learning environment for the problem of product recommendation in online advertising[J]. ArXiv Preprint ArXiv,1808.00720,2018.

[20]Cuayáhuitl H. Simpleds: A simple deep reinforcement learning dialogue system[M]. Singapore: Springer, 2017: 109 - 118.

[21]Liu Y, Liu Q, Zhao H, et al. Adaptive quantitative trading: an imitative deep reinforcement learning approach[C]//Proceedings of the AAAI conference on artificial intelligence. 2020, 34(02): 2128 - 2135.

[22]Goertzel B. Artificial general intelligence: concept, state of the art, and future prospects[J]. Journal of Artificial General Intelligence. 2014, 5(1): 1 - 46.

[23]McCulloch W S, Pitts W. A logical calculus of the ideas immanent in nervous activity[J]. The Bulletin of Mathematical Biophysics,1943, 5(4):115 - 133.

[24]Rosenblatt F. The perceptron: A probabilistic model for information storage and organization in the brain[J]. Psychological Review, 1958, 65(6):386.

[25]Hinton G E, Sejnowski T J, Ackley D H. Boltzmann machines: Constraint satisfaction networks that learn[M]. Pittsburgh, PA: Carnegie - Mellon University, Department of Computer Science Pittsburgh, PA, 1984.

[26]Rumelhart D E, Hinton G E, Williams R J. Learning representations by back - propagating errors[J]. Nature,1986, 323(6088):533 - 536.

[27]Hinton G E, Salakhutdinov R R. Reducing the dimensionality of data with neural networks[J]. Science,2006, 313(5786):504 - 507.

[28]LeCun Y, Boser B, Denker J S, et al. Backpropagation applied to handwritten zip code recognition[J]. Neural Computation, 1989, 1(4): 541 - 551.

[29]Krizhevsky A, Sutskever I, Hinton G E. Imagenet classification with deep convolutional neural networks[J]. NeurIPS,2012(25):1097 - 1105.

[30]Lin M, Chen Q, Yan S. Network in network[J]. ArXiv Preprint ArX-

iv,1312.4400,2013.

[31] Simonyan K, Zisserman A. Very deep convolutional networks for large - scale image recognition[C]//3rd International Conference on Learning Representations (ICLR 2015). Computational and Biological Learning Society, 2015:1 - 14.

[32] Szegedy C, Liu W, Jia Y, et al. Going deeper with convolutions [C]//Proceedings of the IEEE conference on computer vision and pattern recognition. 2015: 1 -9.

[33] Huang G, Liu Z, Van Der Maaten L, et al. Densely connected convolutional networks[C]//Proceedings of the IEEE conference on computer vision and pattern recognition. 2017: 4700 -4708.

[34] Sabour S, Frosst N, Hinton G E. Dynamic routing between capsules [C]//Proceedings of the 31st International Conference on Neural Information Processing Systems. 2017: 3859 -3869.

[35] Hochreiter S, Schmidhuber J. Long short - term memory[J]. Neural Computation,1997, 9(8):1735 - 1780.

[36] Chung J, Gulcehre C, Cho K, et al. Empirical evaluation of gated recurrent neural networks on sequence modeling[C]//NeurIPS 2014 Workshop on Deep Learning, 2014(12).

[37] Saad D. Online algorithms and stochastic approximations[J]. Online Learning,1998(5):6 -3.

[38] Duchi J, Hazan E, Singer Y. Adaptive subgradient methods for online learning and stochastic optimization[J]. Journal of Machine Learning Research, 2011, 12(7).

[39] Tieleman T, Hinton G. Lecture 6.5 - rmsprop: Divide the gradient by a running average of its recent magnitude[J]. COURSERA: Neural Networks for Machine Learning,2012, 4(2):26 -31.

[40] Kingma D P, Ba J. Adam: A method for stochastic optimization[C]//

ICLR (Poster), 2015.

[41]Liu L, Jiang H, He P, et al. On the variance of the adaptive learning rate and beyond[C]. ICLR, 2019.

[42]Prechelt L. Automatic early stopping using cross validation: Quantifying the criteria[J]. Neural Networks,1998, 11(4):761 -767.

[43]Williams P M. Bayesian regularization and pruning using a laplace prior[J]. Neural Computation,1995, 7(1):117 -143.

[44]Krogh A, Hertz J A. A simple weight decay can improve generalization [C]// Proceedings of the 5th International Conference on Neural Information Processing Systems, 1992: 950 -957.

[45]Srivastava N, Hinton G, Krizhevsky A, et al. Dropout: A simple way to prevent neural networks from overfitting[J]. The Journal of Machine Learning Research,2014, 15(1):1929 -1958.

[46]Ioffe S, Szegedy C. Batch normalization: Accelerating deep network training by reducing internal covariate shift[C]// International conference on machine learning. pmlr, 2015: 448 -456.

[47]Ba J L, Kiros J R, Hinton G E. Layer normalization[J/OL]. ArXiv Preprint ArXiv:1607. 06450,2016.

[48]Salimans T, Kingma D P. Weight normalization: A simple reparameterization to accelerate training of deep neural networks[C]//Proceedings of the 30th International Conference on Neural Information Processing Systems. 2016: 901 -909.

[49]Mehta P, Schwab D J. An exact mapping between the variational renormalization group and deep learning [J/OL]. ArXiv Preprint ArXiv, 1410. 3831,2014.

[50]Tishby N, Zaslavsky N. Deep learning and the information bottleneck principle[C]//IEEE Information Theory Workshop (ITW). Jerusalem: IEEE, 2015: 1 -5.

[51]Shwartz - Ziv R, Tishby N. Opening the black box of deep neural networks via information[J/OL]. ArXiv Preprint ArXiv:1703.00810,2017.

[52]Saxe A M, Bansal Y, Dapello J, et al. On the information bottleneck theory of deep learning[J]. Journal of Statistical Mechanics: Theory and Experiment, 2019(12):124020.

[53]Bellman R. A Markovian decision process[J]. Journal of Mathematics and Mechanics, 1957: 679 - 684.

[54]Howard R A. Dynamic programming and Markov processes[M]. New York: John Wiley & Sons, 1960.

[55]Watkins C. Learning from delayed rewards[D]. Cambridge: University of Cambridge, 1989.

[56]Mnih V, Kavukcuoglu K, Silver D, et al. Playing atari with deep reinforcement learning[J/OL]. ArXiv Preprint ArXiv:1312.5602,2013.

[57]Mnih V, Kavukcuoglu K, Silver D, et al. Human - level control through deep reinforcement learning[J]. Nature. 2015, 518(7540):529 - 533.

[58]Van Hasselt H, Guez A, Silver D. Deep reinforcement learning with double q - learning[C]//Proceedings of the AAAI conference on artificial intelligence. 2016, 30(1).

[59]Hester T, Vecerik M, Pietquin O, et al. Learning from demonstrations for real world reinforcement learning[J/OL]. ARXiv Preprint ARXiv: 1704, 03732,2017.

[60]Lipton Z, Li X, Gao J, et al. BBQ - networks: Efficient exploration in deep reinforcement learning for task - oriented dialogue systems[C]//Proceedings of the AAAI Conference on Artificial Intelligence. Palo Alto: AAAI Press,2018, 32(1): 5237 - 5244.

[61]Wang Z, Schaul T, Hessel M, et al. Dueling network architectures for deep reinforcement learning[C]//International conference on machine learning. PMLR, 2016: 1995 - 2003.

[62]Raghu A, Komorowski M, Celi L A, et al. Continuous state - space models for optimal sepsis treatment: a deep reinforcement learning approach [C]//Machine Learning for Healthcare Conference. PMLR, 2017: 147 - 163.

[63]Hausknecht M, Stone P. Deep recurrent q - learning for partially observable mdps[C]//AAAI Fall Symposium Series, 2015,45:141.

[64]Zhu P, Li X, Poupart P, et al. On improving deep reinforcement learning for pomdps[J/OL]. ArXiv Preprint ArXiv:1704.07978,2017.

[65]Nair A, Srinivasan P, Blackwell S, et al. Massively parallel methods for deep reinforcement learning [J/OL]. ArXiv Preprint ArXiv: 1507.04296,2015.

[66]Lee K, Choi S, Oh S. Sparse markov decision processes with causal sparse tsallis entropy regularization for reinforcement learning[J]. IEEE Robotics and Automation Letters,2018, 3(3):1466 - 1473.

[67]He H, Boyd - Graber J, Kwok K, et al. Opponent modeling in deep reinforcement learning[C]//International conference on machine learning. PMLR, 2016: 1804 - 1813.

[68]Omidshafiei S, Pazis J, Amato C, et al. Deep decentralized multi - task multi - agent reinforcement learning under partial observability[C]//International Conference on Machine Learning. PMLR, 2017: 2681 - 2690.

[69]Lillicrap T P, Hunt J J, Pritzel A, et al. Continuous control with deep reinforcement learning[C]. ICLR, 2016.

[70]Schulman J, Levine S, Abbeel P, et al. Trust region policy optimization [C]//International conference on machine learning. PMLR, 2015: 1889 - 1897.

[71]Konda V R, Tsitsiklis J N. Actor - critic algorithms[C]//Proceedings of the 13th International Conference on Neural Information Processing Systems. 1999: 1008 - 1014.

[72]Silver D, Lever G, Heess N, et al. Deterministic policy gradient algo-

rithms [C] //International conference on machine learning. Pmlr, 2014: 387 -395.

[73]Vecerik M, Hester T, Scholz J, et al. Leveraging demonstrations for deep reinforcement learning on robotics problems with sparse rewards[J/OL]. ArXiv Preprint ArXiv:1707.08817,2017.

[74]Schulman J, Wolski F, Dhariwal P, et al. Proximal policy optimization algorithms[J/OL]. ArXiv Preprint ArXiv:1707.06347,2017.

[75]Mnih V, Badia A P, Mirza M, et al. Asynchronous methods for deep reinforcement learning[C]//International conference on machine learning. PmLR, 2016: 1928 -1937.

[76]Clemente A V, Castejón H N, Chandra A. Efficient parallel methods for deep reinforcement learning[C]//The Multi - disciplinary Conference on Reinforcement Learning and Decision Making (RLDM). 2017: 1 -6.

[77]Jaderberg M, Mnih V, Czarnecki W M, et al. Reinforcement learning with unsupervised auxiliary tasks [J/OL] . ArXiv Preprint ArXiv: 1611.05397,2016.

[78]Lin K, Wang S, Zhou J. Collaborative deep reinforcement learning [J/OL]. ArXiv Preprint ArXiv:1702.05796,2017.

[79]Ng A Y, Harada D, Russell S. Policy invariance under reward transformations: Theory and application to reward shaping[C]//Proceedings of the Sixteenth International Conference on Machine Learning. 1999: 278 -287.

[80]Narvekar S, Sinapov J, Leonetti M, et al. Source task creation for curriculum learning[C]// Proceedings of the International Conference on Autonomous Agents & Multiagent Systems, 2016: 566 -574.

[81]Sutton R S, Barto A G, et al. Introduction to reinforcement learning [M]. Cambridge, MA: MIT Press Cambridge, 1998.

[82]Rummery G A, Niranjan M. On - line Q - learning using connectionist systems[M]. Cambridge, UK: University of Cambridge, Department of Engi-

neering Cambridge, UK, 1994.

[83]Rummery G A. Problem solving with reinforcement learning [D]. University of Cambridge, 1995.

[84]Singh S P, Sutton R S. Reinforcement learning with replacing eligibility traces[J]. Machine Learning,1996, 22(1):123 – 158.

[85]Watkins C J, Dayan P. Q – learning[J]. Machine Learning,1992, 8 (3 – 4):279 – 292.

[86]Jaakkola T, Singh S P, Jordan M I. Reinforcement learning algorithm for partially observable Markov decision problems[C]//Proceedings of the 8th International Conference on Neural Information Processing Systems. 1994: 345 – 352.

[87]Dixit A K, Sherrerd J J, et al. Optimization in economic theory [M]. New York: Oxford University Press on Demand, 1990.

[88]Kakade S. A natural policy gradient[C]//Proceedings of the 15th International Conference on Neural Information Processing Systems: Natural and Synthetic. 2001: 1531 – 1538.

[89]Kohl N, Stone P. Policy gradient reinforcement learning for fast quadrupedal locomotion[C]// IEEE International Conference on Robotics and Automation, 2004: 2619 – 2624.

[90]Juliani A. Simple reinforcement learning with tensorflow part 8: Asynchronous actor – critic agents (a3c)[EB/OL]. 2016. https://medium.com/emergent future/simple reinforcement learning with tensorflowpart 8 asynchronous actor critic agents – a3 cc88f72a5e9f2.

[91]Song Z, Zhang J, Shi G, et al. Fast inference predictive coding: A novel model for constructing deep neural networks[J]. IEEE Transactions on Neural Networks and Learning Systems,2018, 30(4): 1150 – 1165.

[92]Hinton G, Deng L, Yu D, et al. Deep neural networks for acoustic modeling in speech recognition: The shared views of four research groups[J].

IEEE Signal Processing Magazine,2012, 29(6):82 -97.

[93]Graves A, Mohamed A r, Hinton G. Speech recognition with deep recurrent neural networks [C]// IEEE international conference on acoustics, speech and signal processing, 2013: 6645 -6649.

[94]Cho K, van Merrienboer B, Gulcehre C, et al. Learning phrase representations using RNN encoder - decoder for statistical machine translation[C]// Conference on Empirical Methods in Natural Language Processing. Doha: Association for Computational Linguistics, 2014:1724 -1734.

[95]Sutskever I, Vinyals O, Le Q V. Sequence to sequence learning with neural networks[C]]//Proceedings of the 28th International Conference on Neural Information Processing Systems, 2014: 3104 -3112.

[96]Meng X, Xi X, Yang L, et al. Fast and effective optic disk localization based on convolutional neural network[J]. Neurocomputing,2018(312): 285 -295.

[97]Zhou Z H, Jiang Y. Medical diagnosis with c4.5 rule preceded by artificial neural network ensemble[J]. IEEE Transactions on Information Technology in Biomedicine,2003, 7(1):37 -42.

[98]Chen D, Li S, Wu Q, et al. New disturbance rejection constraint for redundant robot manipulators: An optimization perspective[J]. IEEE Transactions on Industrial Informatics,2019, 16(4):2221 -2232.

[99]Chen D, Li S, Lin F J, et al. New super - twisting zeroing neural - dynamics model for tracking control of parallel robots: A finite - time and robust solution[J]. IEEE Transactions on Cybernetics,2019, 50 (6):2651 -2660.

[100] Dietterich T. Overfitting and undercomputing in machine learning [J]. ACM Computing Surveys,1995, 27(3):326 -327.

[101]Girosi F, Jones M, Poggio T. Regularization theory and neural networks architectures[J]. Neural Computation,1995, 7(2):219 -269.

[102]Zhang J, Ji N, Liu J, et al. Enhancing performance of the backprop-

agation algorithm via sparse response regularization[J]. Neurocomputing,2015(153):20-40.

[103] Weigend A S, Rumelhart D E, Huberman B A. Generalization by weight-elimination with application to forecasting[C]//Proceedings of the 1990 conference on Advances in neural information processing systems. 1990: 875-882.

[104] Nowlan S J, Hinton G E. Simplifying neural networks by soft weight-sharing[J]. Neural Computation,1992, 4(4):473-493.

[105] Mach E. The analysis of sensations, and the relation of the physical to the psychical[M]. Chicago: Open Court Publishing Company, 1914.

[106] Pearson K. The grammar of science [J]. Nature, 1892, 46(1185):247.

[107] Barlow H B. Possible principles underlying the transformation of sensory messages[J]. Sensory communication, 1961, 1(01): 217-233.

[108] Barlow H B, Kaushal T P, Mitchison G J. Finding minimum entropy codes[J]. Neural Computation,1989, 1(3):412-423.

[109] Barlow H. The exploitation of regularities in the environment by the brain[J]. Behavioral and Brain Sciences,2001, 24(4):602-607.

[110] Tishby N,Pereira F C, Bialek W. The information bottleneck method[C]// Proceedings of 37th Annual Allerton Conference on Communications, Control and Computing, 2000: 368-377.

[111] Barlow H B. Single units and sensation: A neuron doctrine for perceptual psychology? [J]. Perception. 1972, 1(4):371-394.

[112] Barlow H. The neuron doctrine in perception. [M]. Cambridge, MA: MIT Press, 1995: 415-435.

[113] LeCun Y. The mnist database of handwritten digits[EB/OL]. http://yann. lecun. com/exdb/mnist/. 1998.

[114] Xiao H, Rasul K, Vollgraf R. Fashion-mnist: A novel image data-

set for benchmarking machine learning algorithms[J/OL]. ArXiv Preprint ArXiv:1708.07747,2017.

[115] Glorot X, Bengio Y. Understanding the difficulty of training deep feedforward neural networks[C]// Proceedings of the thirteenth international conference on artificial intelligence and statistics, 2010: 249 – 256.

[116] Neuneier R. Optimal asset allocation using adaptive dynamic programming[C]//Proceedings of the 9th International Conference on Neural Information Processing Systems. 1995: 952 – 958.

[117] Moody J, Wu L, Liao Y, et al. Performance functions and reinforcement learning for trading systems and portfolios[J]. Journal of Forecasting, 1998, 17(5 – 6):441 – 470.

[118] Dempster M A, Leemans V. An automated fx trading system using adaptive reinforcement learning[J]. Expert Systems with Applications,2006, 30(3):543 – 552.

[119] Deng Y, Bao F, Kong Y, et al. Deep direct reinforcement learning for financial signal representation and trading[J]. IEEE Transactions on Neural Networks and Learning Systems,2016, 28(3):653 – 664.

[120] Rundo F. Deep LSTM with reinforcement learning layer for financial trend prediction in FX high frequency trading systems[J]. Applied Sciences, 2019, 9(20):4460.

[121] Sharpe W F. Capital asset prices: A theory of market equilibrium under conditions of risk[J]. The Journal of Finance,1964, 19(3):425 – 442.

[122] Bali T G, Brown S J, Caglayan M O. Systematic risk and the cross section of hedge fund returns[J]. Journal of Financial Economics,2012, 106(1):114 – 131.

[123] Beja A. On systematic and unsystematic components of financial risk[J]. The Journal of Finance,1972, 27(1):37 – 45.

[124] Cox L A, Griepentrog G L. Systematic risk, unsystematic risk, and

property – liability rate regulation[J]. Journal of Risk and Insurance. 1988, 55(4): 606 – 627.

[125]Fama E F, French K R. Common risk factors in the returns on stocks and bonds[J]. Journal of Financial Economics,1993(33):3 – 56.

[126]JoinQuant[EB/OL]. https://www. joinquant. com.

[127] Abadi M, Barham P, Chen J, et al. Tensorflow: A system for large – scale machine learning[C]. 12th USENIX Symposium on Operating Systems Design and Implementation,2016: 265 – 283.

[128]Malkiel B G. A random walk down Wall Street: Including a life – cycle guide to personal investing[M]. New York: WW Norton & Company, 1999.

[129] Mulloy P G. Smoothing data with faster moving averages [J]. Stocks & Commodities,1994, 12(1): 11 – 19.

[130]Zarkias K S, Passalis N, Tsantekidis A, et al. Deep reinforcement learning for financial trading using price trailing[C]//IEEE International Conference on Acoustics, Speech, and Signal Processing. IEEE, 2019: 3067 – 3071.

[131]Wu X, Chen H, Wang J, et al. Adaptive stock trading strategies with deep reinforcement learning methods [J]. Information Sciences, 2020(538):142 – 158.

[132]Markovitz H M. Portfolio selection: Efficient diversification of investments[M]. New Haven: Yale University Press, 1959.

[133]Gao X, Chan L. An algorithm for trading and portfolio management using q – learning and sharpe ratio maximization[C]// Proceedings of the international conference on neural information processing, 2000: 832 – 837.

[134]Jiang Z, Liang J. Cryptocurrency portfolio management with deep reinforcement learning[C]// Intelligent Systems Conference (IntelliSys), 2017: 905 – 913.

[135]Jiang Z, Xu D, Liang J. A deep reinforcement learning framework for the financial portfolio management problem [J/OL]. ArXiv Preprint ArXiv:

1706. 10059,2017.

[136] Liang Z, Chen H, Zhu J, et al. Adversarial deep reinforcement learning in portfolio management [J/OL]. ArXiv Preprint ArXiv: 1808. 09940,2018.

[137] Almahdi S, Yang S Y. A constrained portfolio trading system using particle swarm algorithm and recurrent reinforcement learning[J]. Expert Systems with Applications,2019(130):145 - 156.

[138] Caginalp G, Desantis M. Stock price dynamics: Nonlinear trend, volume, volatility, resistance and money supply[J]. Quantitative Finance,2011, 11(6):849 - 861.

[139] Huang D, Zhou J, Li B, et al. Robust median reversion strategy for online portfolio selection[J]. IEEE Transactions on Knowledge and Data Engineering,2016, 28(9):2480 - 2493.

[140] Li B, Zhao P, Hoi S C, et al. Pamr: Passive aggressive mean reversion strategy for portfolio selection [J]. Machine Learning, 2012, 87(2): 221 - 258.

[141] Li B, Hoi S C, Sahoo D, et al. Moving average reversion strategy for on - line portfolio selection[J]. Artificial Intelligence,2015(222):104 - 123.

[142] Shi S, Li J, Li G, et al. A multi - scale temporal feature aggregation convolutional neural network for portfolio management[C]// Proceedings of the 28th ACM International Conference on Information and Knowledge Management, 2019: 1613 - 1622.

[143] Konidaris G, Barto A. Autonomous shaping: Knowledge transfer in reinforcement learning[C]//Proceedings of the 23rd international conference on Machine learning. 2006: 489 - 496.

[144] Wiewiora E, Cottrell G W, Elkan C. Principled methods for advising reinforcement learning agents[C]//Proceedings of the 20th international conference on machine learning , 2003: 792 - 799.

[145] Laud A, DeJong G. The influence of reward on the speed of reinforcement learning: An analysis of shaping[C]//Proceedings of the 20th International Conference on Machine Learning (ICML - 03). 2003: 440 - 447.

[146] Riedmiller M, Hafner R, Lampe T, et al. Learning by playing solving sparse reward tasks from scratch[C]//International conference on machine learning. PMLR, 2018: 4344 - 4353.

[147] Marthi B. Automatic shaping and decomposition of reward functions [C]//Proceedings of the 24th International Conference on Machine learning. 2007: 601 - 608.

[148] Devlin S M, Kudenko D. Dynamic potential - based reward shaping [C]// Proceedings of the International Conference on Autonomous Agents and Multiagent Systems, 2012: 433 - 440.

[149] Arjona - Medina J A, Gillhofer M, Widrich M, et al. Rudder: Return decomposition for delayed rewards[C]//Proceedings of the 33rd International Conference on Neural Information Processing Systems. 2019: 13566 - 13577.

[150] Nair A, McGrew B, Andrychowicz M, et al. Overcoming exploration in reinforcement learning with demonstrations[C]// Proceedings of the International Conference on Robotics and Automation, 2018: 6292 - 6299.

[151] Svetlik M, Leonetti M, Sinapov J, et al. Automatic curriculum graph generation for reinforcement learning agents[C]// Proceedings of the AAAI Conference on Artificial Intelligence, 2017: 2590 - 2596.

[152] Florensa C, Held D, Wulfmeier M, et al. Reverse curriculum generation for reinforcement learning[C]// Proceedings of the International Conference on Robot Learning, 2017: 482 - 495.

[153] Czarnecki W M, Jayakumar S M, Jaderberg M, et al. Mix & match agent curricula for reinforcement learning[C]//International Conference on Machine Learning. PMLR, 2018: 1087 - 1095.

[154] Ren Z, Dong D, Li H, et al. Self - paced prioritized curriculum

learning with coverage penalty in deep reinforcement learning[J]. IEEE Transactions on Neural Networks and Learning Systems,2018, 29 (6):2216 -2226.

[155]Jiang N, Jin S, Zhang C. Hierarchical automatic curriculum learning: Converting a sparse reward navigation task into dense reward[J]. Neurocomputing,2019(360):265 -278.

[156]Parisotto E, Ba J L, Salakhutdinov R. Actor - mimic: Deep multitask and transfer reinforcement learning[C]//International Conference on Learning Representations, 2016.

[157]Berseth G, Xie C, Cernek P, et al. Progressive reinforcement learning with distillation for multi - skilled motion control[C]//International Conference on Learning Representations, 2018.

[158] Fumihide T, Masayuki Y. Multitask reinforcement learning on the distribution of mdps[J]. IEEE Transactions on Electronics, Information and Systems,2003(123):1004 -1011.

[159]Wilson A, Fern A, Ray S, et al. Multi - task reinforcement learning: a hierarchical bayesian approach[C]//Proceedings of the 24th international conference on Machine learning, 2007: 1015 -1022.

[160]Snel M, Whiteson S. Multi - task evolutionary shaping without pre - specified representations[C]//Proceedings of the 12th annual conference on Genetic and evolutionary computation, 2010: 1031 -1038.

[161]Calandriello D, Lazaric A, Restelli M. Sparse multi - task reinforcement learning[C]//Advances in Neural Information Processing Systems,2014: 819 -827.

[162]Teh Y, Bapst V, Czarnecki W M, et al. Distral: Robust multitask reinforcement learning[C]//Proceedings of the 31st International Conference on Neural Information Processing Systems. 2017: 4499 -4509.

[163]Jaderberg M, Mnih V, Czarnecki W M, et al. Reinforcement learning with unsupervised auxiliary tasks[C]//International Conference on Learning

Representations, 2017.

[164]Mirowski P, Pascanu R, Viola F, et al. Learning to navigate in complex environments[C]//International Conference on Learning Representations, 2017.

[165]Cabi S, Colmenarejo S G, Hoffman M W, et al. The intentional unintentional agent: Learning to solve many continuous control tasks simultaneously [C]// Proceedings of the International Conference on Robot Learning, 2017: 207 – 216.

[166]Gruslys A, Dabney W, Azar M G, et al. The reactor: A fast and sample – efficient actor – critic agent for reinforcement learning[C]//International Conference on Learning Representations, 2018.

[167]Espeholt L, Soyer H, Munos R, et al. Impala: Scalable distributed deep – rl with importance weighted actor – learner architectures[C]//International conference on machine learning. PMLR, 2018: 1407 – 1416.

[168]Lee D, Tang H, Zhang J, et al. Modular architecture for starcraft ii with deep reinforcement learning[C]//Proceedings of the AAAI Conference on Artificial Intelligence and Interactive Digital Entertainment. 2018, 14(1): 187 – 193.

[169]Pang Z, Liu R, Meng Z, et al. On reinforcement learning for full – length game of starcraft[C]//Proceedings of the AAAI Conference on Artificial Intelligence. 2019, 33(01): 4691 – 4698.

[170]Rashid T, Samvelyan M, De Witt C S, et al. Monotonic value function factorisation for deep multi – agent reinforcement learning[J]. Journal of Machine Learning Research, 2020, 21(178): 1 – 51.

[171]Zambaldi V, Raposo D, Santoro A, et al. Deep reinforcement learning with relational inductive biases[C]//International conference on learning representations, 2019.

[172]Gehring J, Ju D, Mella V, et al. High – level strategy selection under partial observability in starcraft: Brood war[J/OL]. ArXiv Preprint ArXiv:

1811. 08568,2018.

[173] Ring R. Replicating Deepmind Starcraft Ⅱ reinforcement learning benchmark with actor - critic methods[D]. Tartu: University of Tartu, 2017.

[174] Vinyals O, Ewalds T, Bartunov S, et al. Starcraft ii: A new challenge for reinforcement learning[J/OL]. ArXiv Preprint ArXiv:1708. 04782. 2017.

[175] Ross S, Gordon G J, Bagnell J A. No - regret reductions for imitation learning and structured prediction[C]//International Conference on Artificial Intelligence and Statistics, 2011.

[176] Appel G. Technical analysis: power tools for active investors [M]. New York: FT Press, 2005.

[177] Wilder J W. New concepts in technical trading systems[M]. Edmonton: Trend Research, 1978.

[178] Granville J E. Granville's New Strategy of Daily Stock Market Timing for Maximum Profit[M]. New Jersey: Prentice - Hall, 1976.

[179]李臻. 航空发动机全寿命周期机队维修策略优化方法研究[D]. 哈尔滨工业大学,2020.

[180]崔英杰,王红军,张顺利,等. 基于改进 DQN 燃气轮机转子故障诊断方法[J]. 噪声与振动控制,2023,43(04):109 - 115 + 199.

[181]成志伟,李雪娇,谢志洪. 基于深度强化学习的风电机组轴承故障智能诊断[J]. 信息与电脑(理论版),2023,35(14):52 - 54.

[182]祁江伟. 基于改进深度强化学习的电机故障诊断方法研究[D]. 武汉理工大学,2022.

[183] Qian G, Liu J. Development of deep reinforcement learning - based fault diagnosis method for rotating machinery in nuclear power plants[J]. Progress in Nuclear Energy, 2022(152): 104401.

[184] Zhong X, Zhang L, Ban H. Deep reinforcement learning for class imbalance fault diagnosis of equipment in nuclear power plants[J]. Annals of Nuclear Energy, 2023(184): 109685.

[185]戴柳祥．基于自适应长短期记忆 Q 网络的牵引电机故障诊断[D]. 中南大学,2022.

[186]陈财会,张天,黄健康,等．基于 DQN 算法的泵站供水系统节能控制优化[J]. 净水技术,2024, 43(04):60 –67 +127.

[187]Ding Y, Ma L, Ma J, et al. Intelligent fault diagnosis for rotating machinery using deep Q – network based health state classification: A deep reinforcement learning approach[J]. Advanced Engineering Informatics, 2019(42): 100977.

[188]张焕明．基于深度强化学习的电网故障诊断与停电恢复研究[D]. 华南理工大学,2022.

[189]代爽．深度增强学习及其在光伏电站故障诊断中的应用研究[D]. 兰州交通大学,2021.

[190]陈其强．基于逆强化学习的空调系统故障诊断[D]. 苏州科技大学,2020.

[191]Chen C, Wang T, Zheng Y, et al. Reinforcement learning – based distant supervision relation extraction for fault diagnosis knowledge graph construction under industry 4. 0[J]. Advanced Engineering Informatics, 2023(55): 101900.

与本书相关的研究成果

[1] Cong Ma, Jiangshe Zhang, Lizhen Ji, et al. Multi – agent deep reinforcement learning algorithm with trend consistency regularization for portfolio management [J]. Neural Computing and Applications, 2023, 35 (9): 6589 – 6601.

[2] Cong Ma, Jiangshe Zhang, Junmin Liu, Lizhen Ji, Fei Gao. A parallel multi – module deep reinforcement learning algorithm for stock trading [J]. Neurocomputing, 2021, 449: 290 – 302.

[3] Jiangshe Zhang, Cong Ma, Junmin Liu, Guang Shi. Penetrating the influence of regularizations on neural network based on information bottleneck theory [J]. Neurocomputing, 2020, 393: 76 – 82.

[4] Cong Ma, Zhizhong Li, Dahua Lin, Jiangshe Zhang. Parallel multi environment shaping algorithm for complex multi – step task [J]. Neurocomputing, 2020, 402: 323 – 335.

[5] Fei Gao, Jiangshe Zhang, Chunxia Zhang, Shuang Xu, Cong Ma. Long short – term memory networks with multiple variables for stock market prediction [J]. Neural Processing Letters, 2023, 55 (4): 4211 – 4229.

[6] Lizhen Ji, Jiangshe Zhang, Chunxia Zhang, Cong Ma, Shuang Xu, Kai Sun. CondenseNet with exclusive lasso regularization [J]. Neural Computing and Applications, 2021, 33: 16197 – 16212.

附录 A　技术指标

在这一部分，我们介绍了本书第五章中用到的几个技术指标。

·**移动平均线（Moving average，MA）**是投资者常用的技术指标，是对过去某个时间段的收盘价序列进行平均，其计算公式为：

$$MA_t^k = \frac{1}{k}\sum_{i=t-k+1}^{t} p_i$$

其中，t 是当前时刻，k 是回溯期，p_i 是时刻 i 的收盘价。

·**平滑异同移动平均线（Moving Average Convergence Divergence，MACD）**是一个趋势跟踪的动量指标，是通过计算两条不同速度（快线和慢线）的指数平滑移动平均线的差离状况来判断市场行情[176]。可以通过下式计算：

$$EMA_t^k(p_t) = \frac{2}{k+1}[p_t - EMA_{t-1}^k(p_{t-1})] + EMA_{t-1}^k(p_{t-1})$$

$$MACD_t = EMA_t^{k_1}(p_t) - EMA_t^{k_2}(p_t)$$

其中，$EMA_1^k = p_1$，$EMA_t^k(p_t)$ 是在 t 时刻，时间窗口大小为 k 的收盘价的指数移动平均，k_1 和 k_2 是不同的回溯期，且 $k_1 > k_2$；$EMA_t^{k_1}(p_t)$ 为慢线，$EMA_t^{k_2}(p_t)$ 为快线。

·**相对强弱指标（Relative Strength Index，RSI）**通过比较一段时间内的平均收盘上涨数和平均收盘下跌数来分析市场的超买或超卖状态，从而作为未来市场的走势[177]，具体定义如下：

$$SMMA_t(U_t,k) = EMA_{t-1}^k(U_{t-1}) + \frac{1}{k}(p_t - EMA_{t-1}^k(U_{t-1}))$$

$$RS_t = \frac{SMMA_t(U_t, k)}{SMMA_t(D_t, k)}$$

$$RSI_t = 100 - \frac{100}{1 + RS_t}$$

其中，$SMMA_t$ 为 t 时刻的平滑移动平均线，RS_t 为 t 时刻的相对强度，$U_t = \max(p_t - p_{t-1}, 0)$，$D_t = \max(0, p_{t-1} - p_t)$ 分别为价格的向上变化和向下变化。

· **能量潮指标（On Balance Volume，OBV）** 常用于确认价格的移动[178]，可表示为：

$$OBV_t = OBV_{t-1} + sgn(p_t - p_{t-1}) \times V_t,$$

其中，$sgn(\cdot)$ 是符号函数，V_t 是 t 时刻的成交量。

附录B　评价指标

在这一部分，我们介绍了本书第四章和第五章中会用到的几个评价指标。

·累积收益率（Cumulative Return Rate，CRR）是最直接度量利润的指标，可表示为：

$$CRR = \frac{TAV_T - TAV_1}{TAV_1} \times 100\%$$

其中，TAV_T 为投资期末 T 时刻的总资产价值，TAV_1 为投资期开始时刻的资产价值。

·夏普率（Sharp Ratio，SR）为投资组合每承受一单位总风险时可得到的超额回报，可表示为：

$$SR = \frac{R_p - R_f}{\sigma_p}$$

其中，R_p 为交易期内的总收益，R_f 为无风险利率，σ_p 为超额回报的标准差。夏普率越高说明投资策略越好。

·索提诺比率（Sortino Ratio，STR）是夏普率的一个修正，主要用于惩罚下行波动率，可表示为：

$$STR = \frac{R_p - R_f}{\sigma_d}$$

其中，σ_d 为下行波动的标准差。索提诺比率越大，投资策略越好。

·Carmar 比率（Carmar Ratio，CMR）描述的是收益和风险之间的关系，可表示为：

$$CMR = \frac{r_p}{MDD}$$

其中，r_p 为平均年收益。Calmar 比率值越大，投资策略越好。

· **最大回撤（Maximum Drawdown，MDD）** 为可能发生的最大亏损幅度，即：

$$MDD = \max_{0 \leqslant t_1 \leqslant t_2 \leqslant T} \frac{R_{t_1} - R_{t_2}}{R_{t_1}}$$

其中，T 为交易期的时间长度，R_{t_1}，R_{t_2} 分别为 t_1 和 t_2 时刻的累积收益。

· **最长回撤天数（Longest Drawdown Days，LDD）** 为从累积收益 R_{t_1} 到 R_{t_2} 的时间跨度，即：

$$t_2 - t_1$$

其中，t_1 和 t_2 为 MDD 中定义的时间点。时间跨度越大，投资策略的风险越高。

索　引

后　记

首先，特别感谢西北大学“双一流”建设项目的资助，本书才能以如此精心的方式呈现。

本书聚焦深度强化学习在智能决策领域的理论突破与工程实践，覆盖从基础算法到行业应用的全链条创新。全书共分为七章：前六章的内容主要是基于马聪博士的毕业论文整理完成的，系统地阐述了深度强化学习的理论基础及核心算法，并创新性地应用于量化交易策略优化和游戏控制决策系统。第七章由孙若斌博士主笔，深入探讨了深度强化学习理论在智能运维领域的前瞻性应用。全书共 16.8 万字，马聪博士共撰写 14 万字，孙若斌博士撰写 2.8 万字。

在博士毕业三年后回首我的硕博时光，首先要特别感谢我的导师张讲社教授。他不仅教我如何做科研，更以科研中的智慧启迪我们如何去生活。他教诲我“你还年轻，不要害怕犯错，大不了从头再来”“不要害怕做决定，做了决定就不要后悔”等，至今仍在我心中回响。更是在我出国访学之际，对我叮嘱要“吃好穿好”，给予我慈父般的关怀。在成长的道路上，能遇到这样一位人生导师，深感幸运。感谢刘军民师兄和张春霞师姐在我学习和工作期间给予的不懈指导和帮助。感谢我的每一位同门小伙伴，一起共度的硕博六年是我人生中最难忘的时光。毕业后的每一次重聚，都让我感到无比温暖。

感谢西北大学经济管理学院的每一位领导和同事，感谢你们在工作中给予我的帮助与提携，让我能够不断地成长与进步。

感谢我的爷爷奶奶，感谢你们一直以来无条件的支持和鼓励，你们是我最坚强的后盾、最温暖的港湾。感谢我的父母，感谢你们的养育之恩。感谢我的每一位家人，是你们无私的爱塑造了今天的我，也是这份爱给予了我不断前行的力量。我将带着这份爱，继续勇敢地迈向未来。

马 聪

2024 年 5 月 3 日

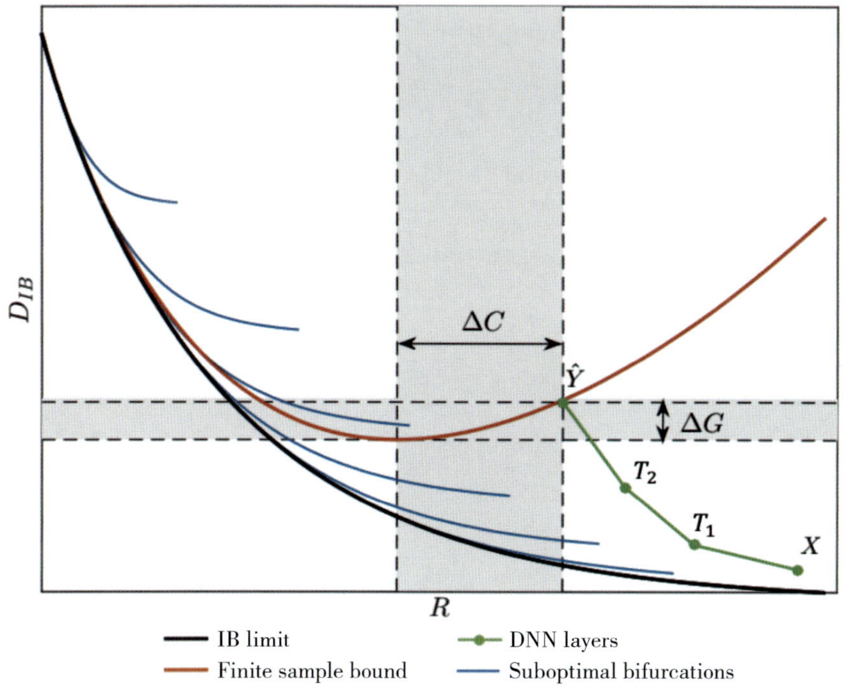

ΔC
Ŷ
ΔG
T_2
T_1
X
D_{IB}
R
IB limit
Finite sample bound
DNN layers
Suboptimal bifurcations

图 3－1　信息平面

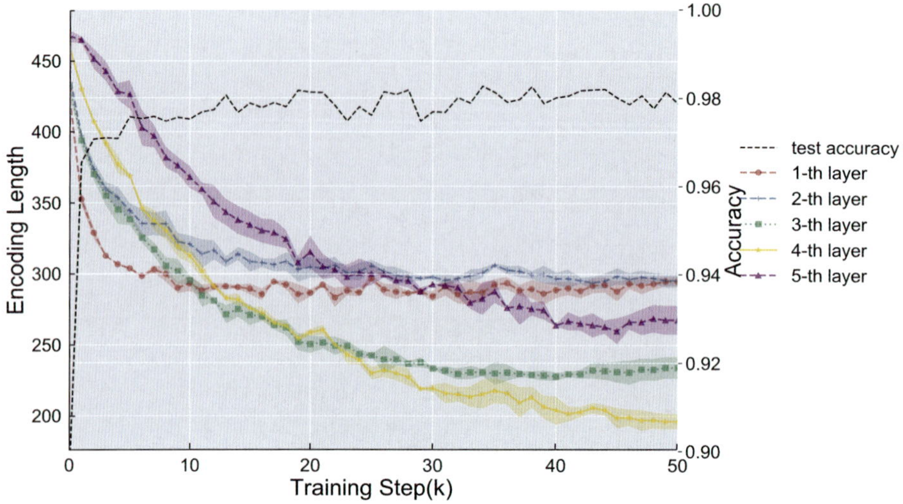

(a) 没有正则项

图 3-4　几种正则化算法的逐层编码长度

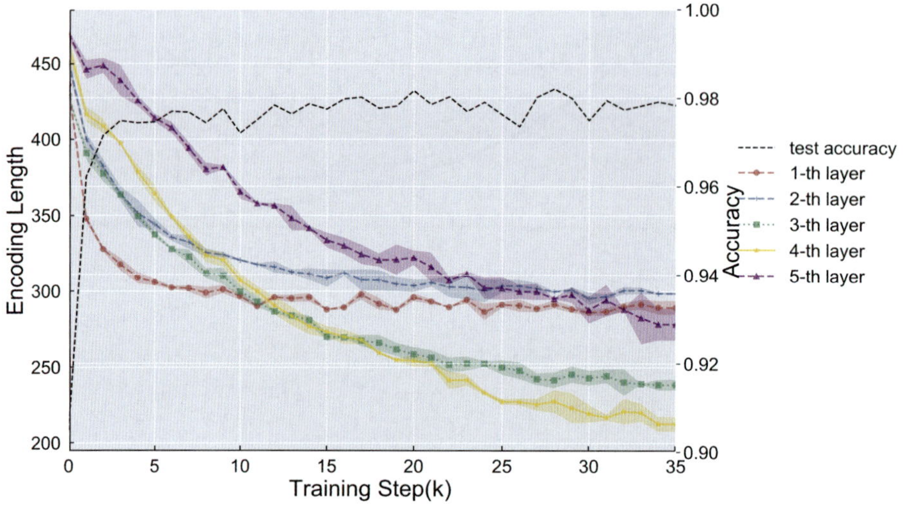

(b) 早停法

图 3-4　几种正则化算法的逐层编码长度

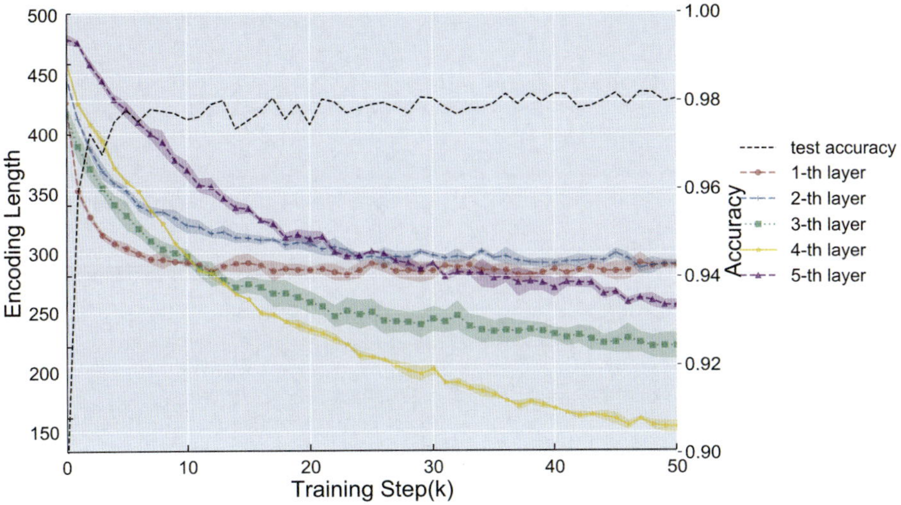

(c) 拉普拉斯正则项

图 3－4　几种正则化算法的逐层编码长度

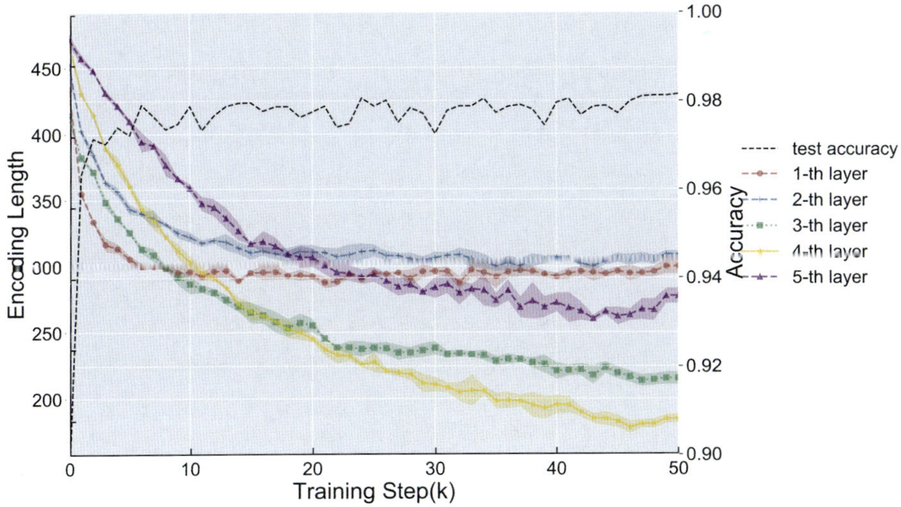

(d) 高斯正则项

图 3－4　几种正则化算法的逐层编码长度

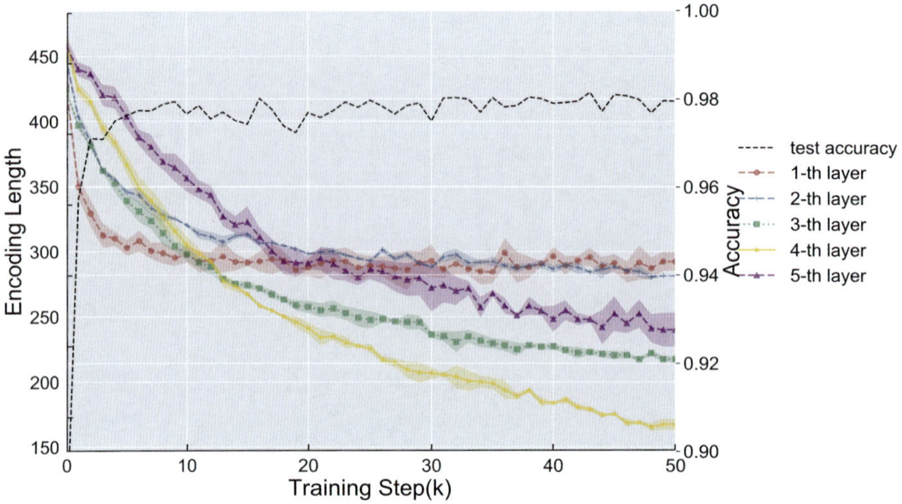

(e) 稀疏响应正则项

图 3-4　几种正则化算法的逐层编码长度

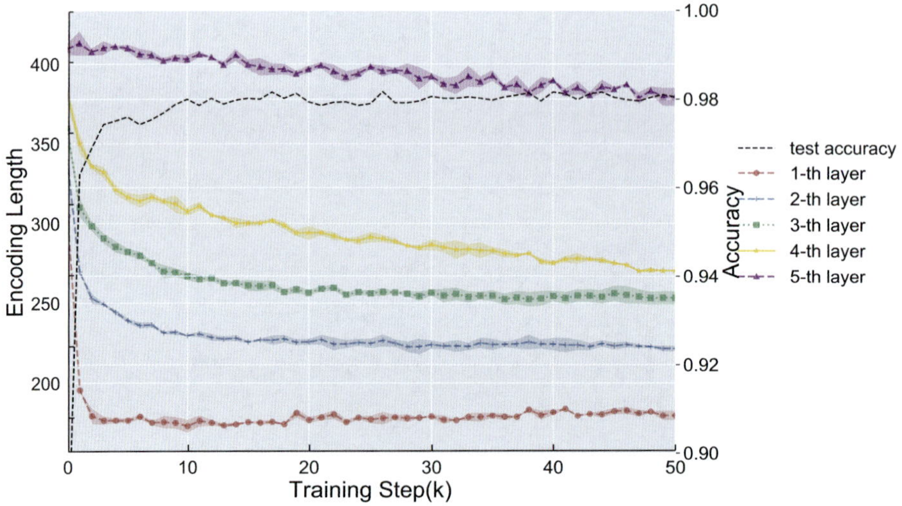

(f) Dropout

图 3-4　几种正则化算法的逐层编码长度

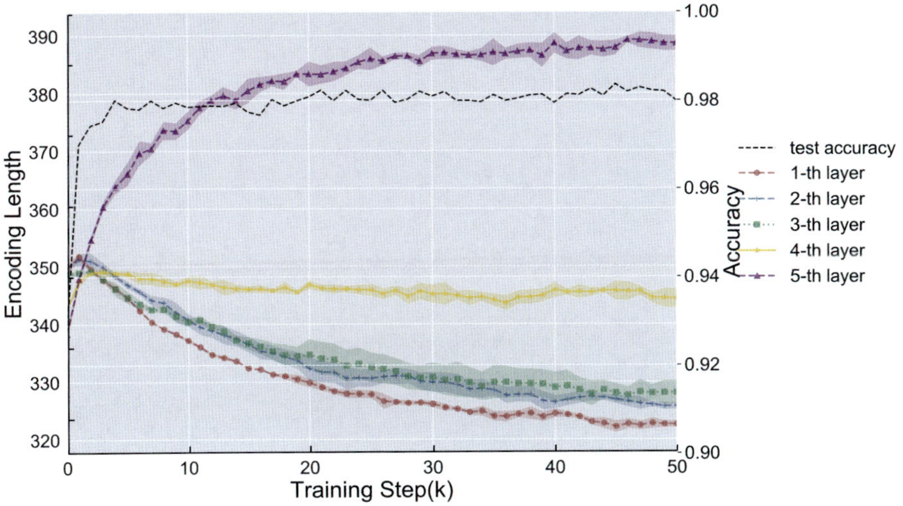

(g) 批归一化

图 3-4　几种正则化算法的逐层编码长度

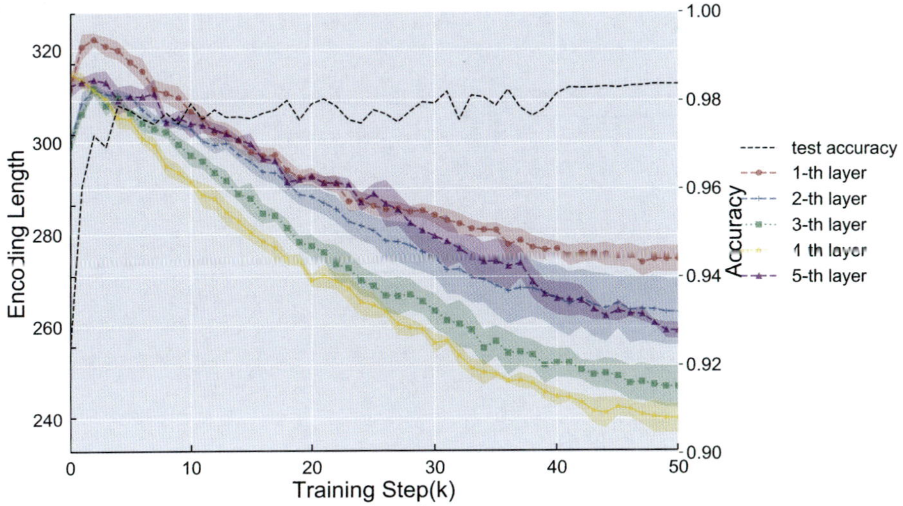

(h) 层归一化

图 3-4　几种正则化算法的逐层编码长度

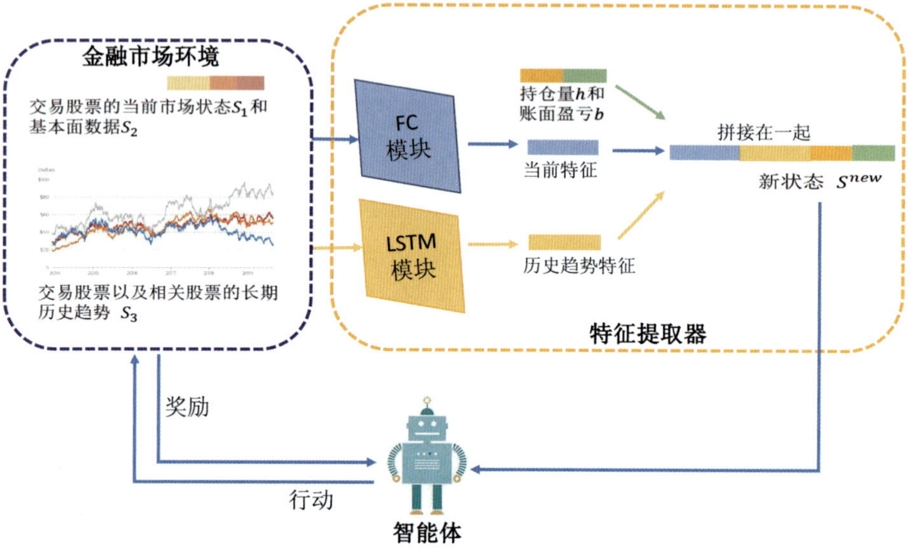

图 4-2　PMMRL 算法结构

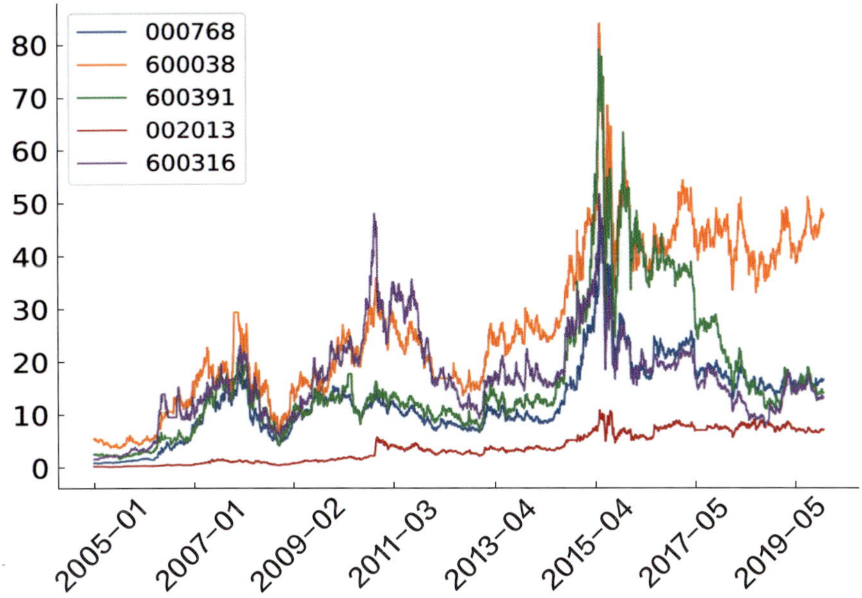

(a) 000768.SZ及关联股票

图 **4－3**　交易股票和相关股票的日收盘价序列

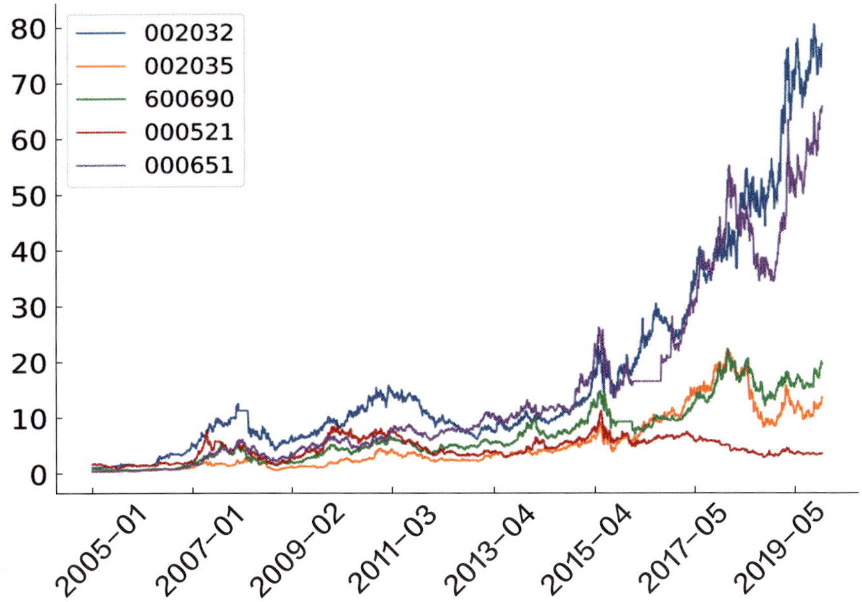

(b) 002032.SZ及关联股票

图 **4－3**　交易股票和相关股票的日收盘价序列

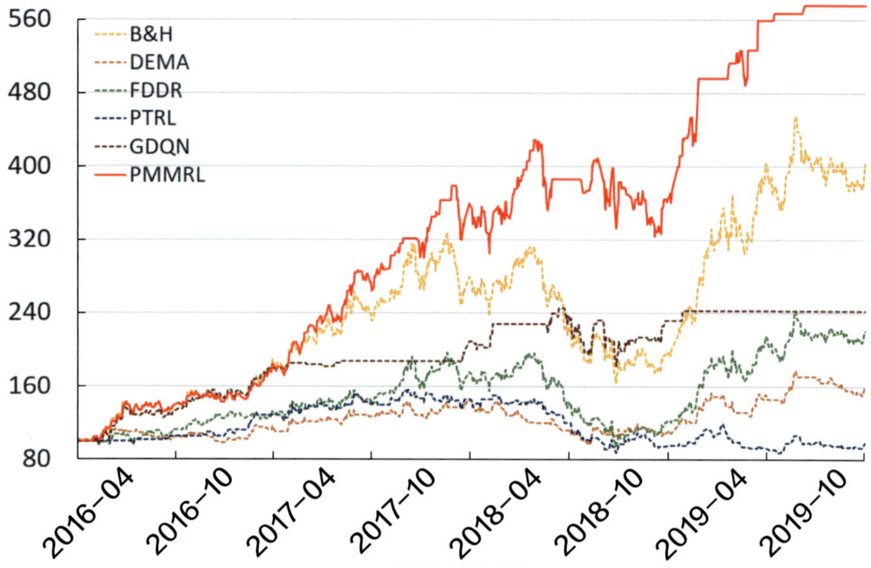

(a) 000568.SZ

图 4-6　不同算法总资产变化的对比

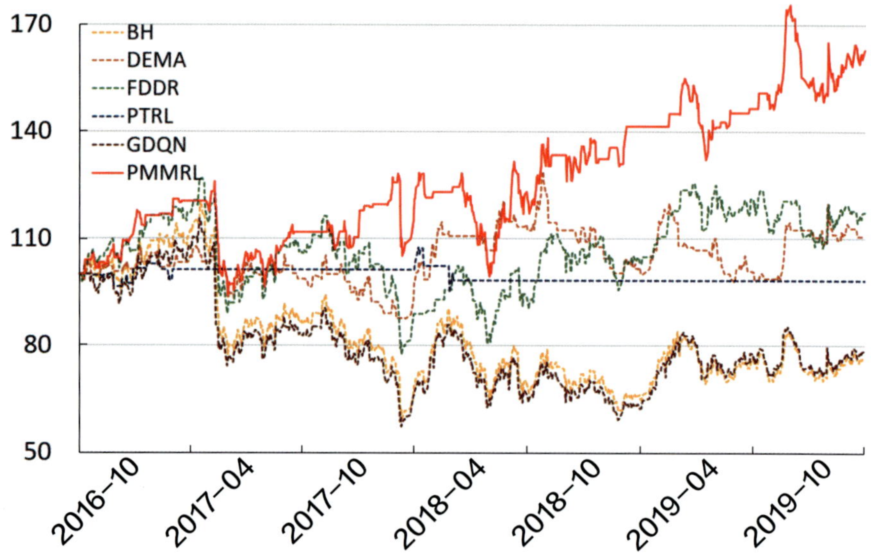

(b) 000768.SZ

图 4-6　不同算法总资产变化的对比

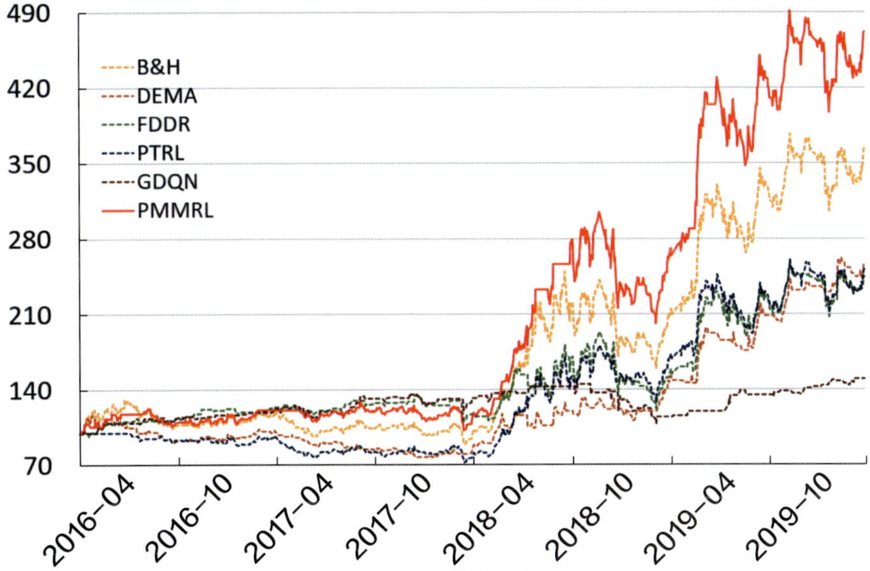

(c) 000860.SZ

图 4-6　不同算法总资产变化的对比

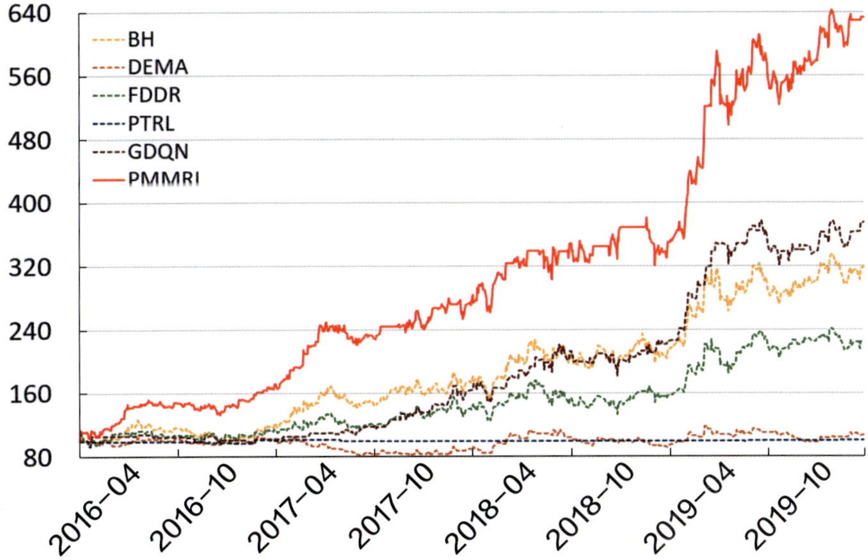

(d) 002032.SZ

图 4-6　不同算法总资产变化的对比

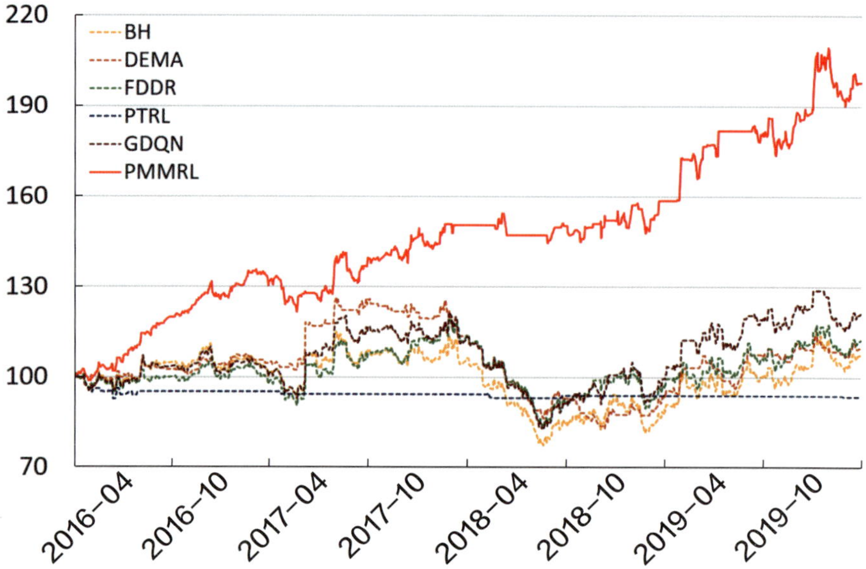

(e) 600000.SH

图 4-6　不同算法总资产变化的对比

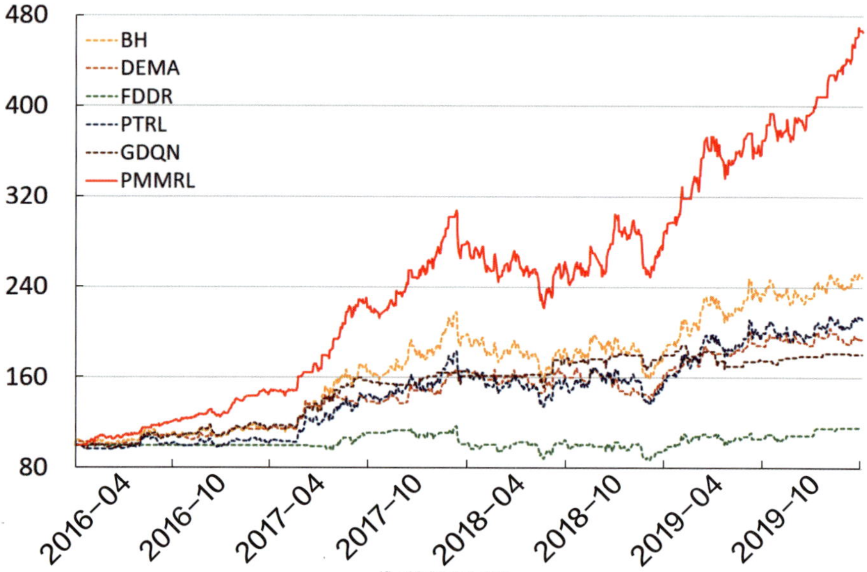

(f) 600036.SH

图 4-6　不同算法总资产变化的对比

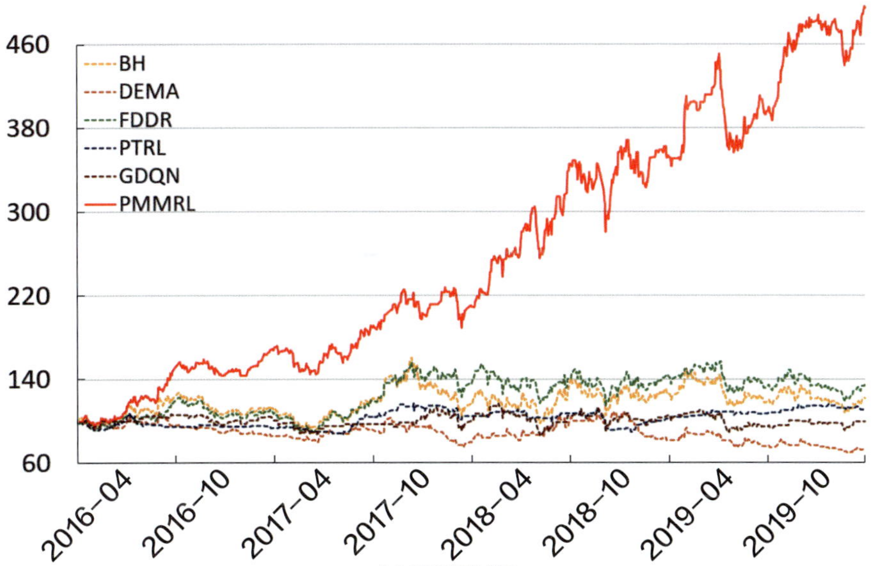

(g) 600498.SH

图 4-6　不同算法总资产变化的对比

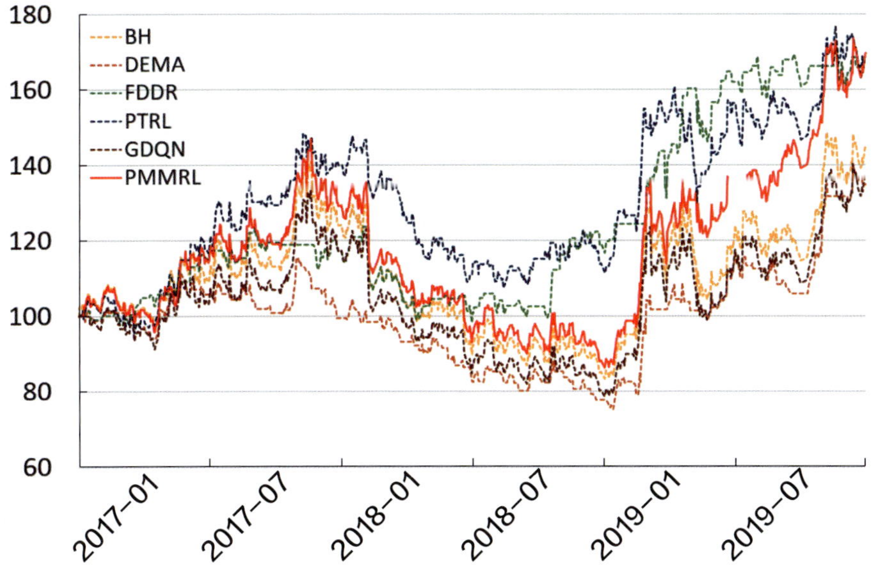

(h) 601628.SH

图 4-6　不同算法总资产变化的对比

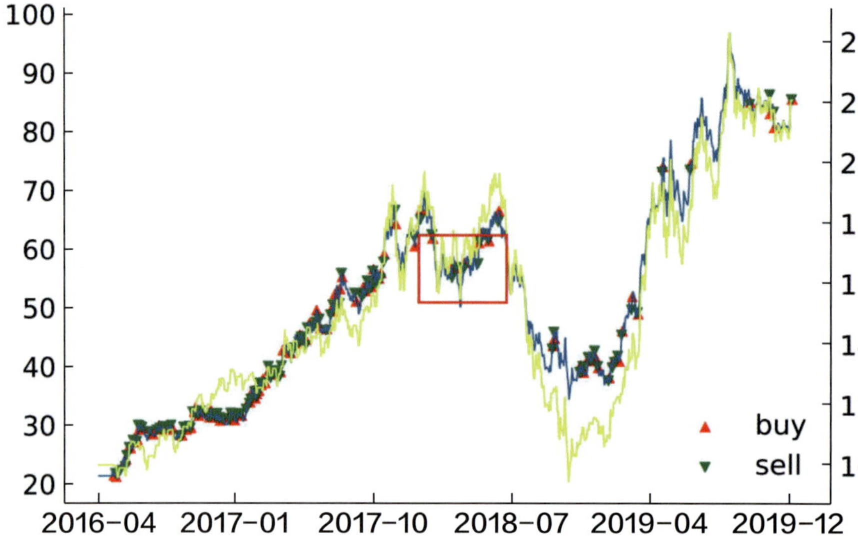

（a）000568.SZ: FDDR

图 4-7　不同算法所产生交易信号的比较

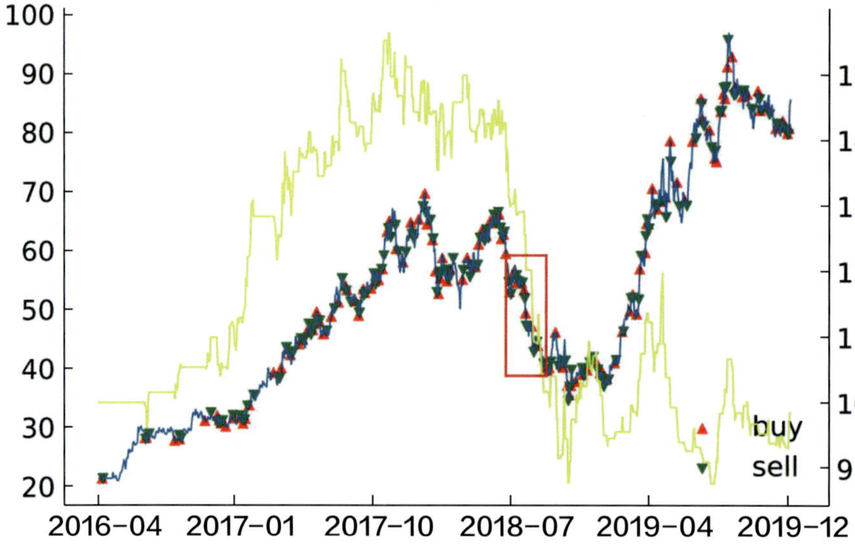

（b）000568.SZ: PTRL

图 4-7　不同算法所产生交易信号的比较

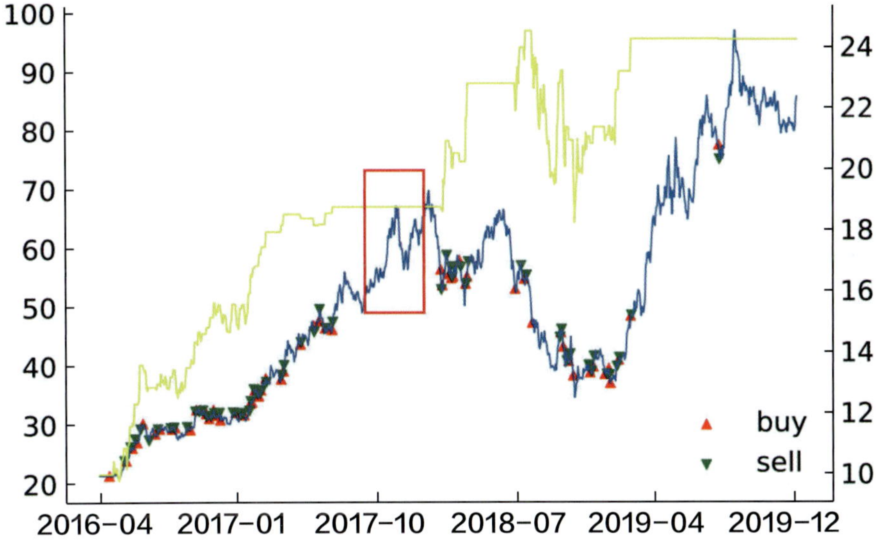

(c) 000568.SZ: GDQN

图 4－7　不同算法所产生交易信号的比较

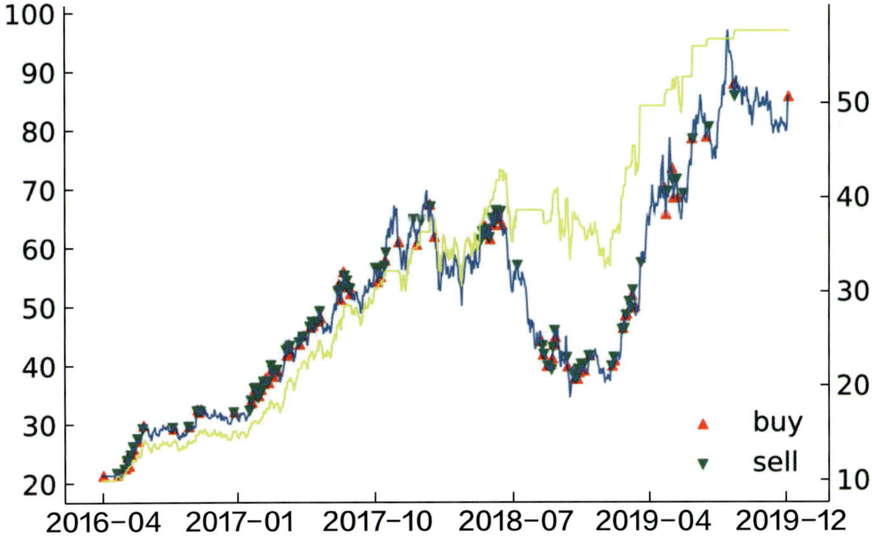

(d) 000568.SZ: PMMRL

图 4－7　不同算法所产生交易信号的比较

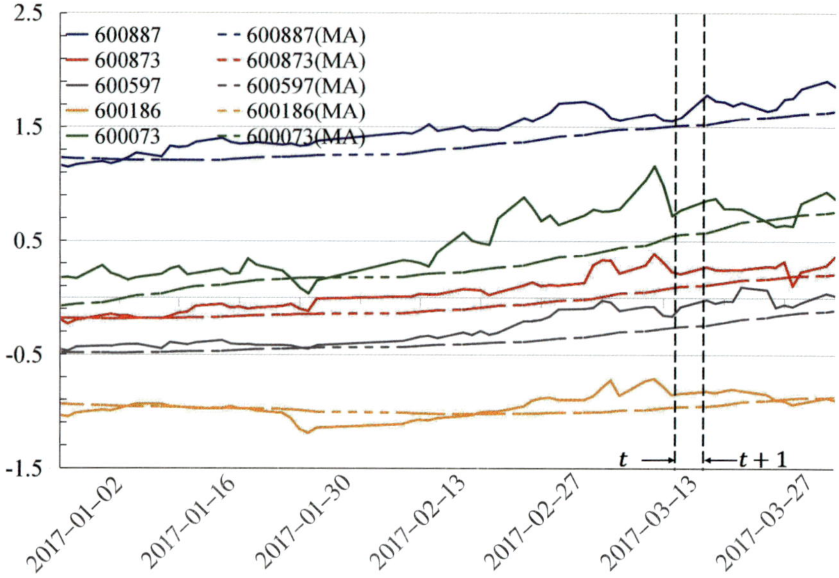

(a) 几只股票的趋势一致

图 5-2　几只股票的价格序列

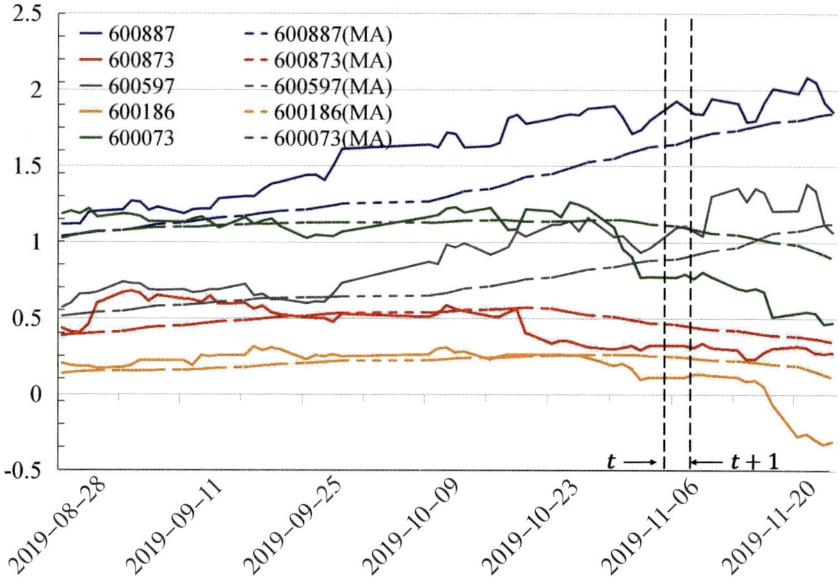

(b)几只股票的趋势不一致

图 5-2　几只股票的价格序列

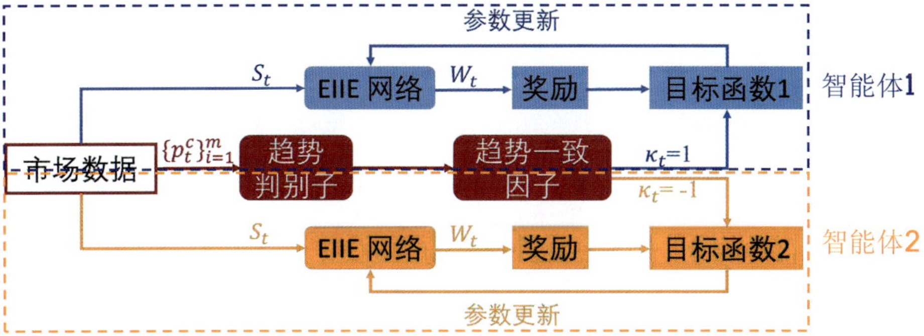

图 5－4　TC－MARL 算法的结构

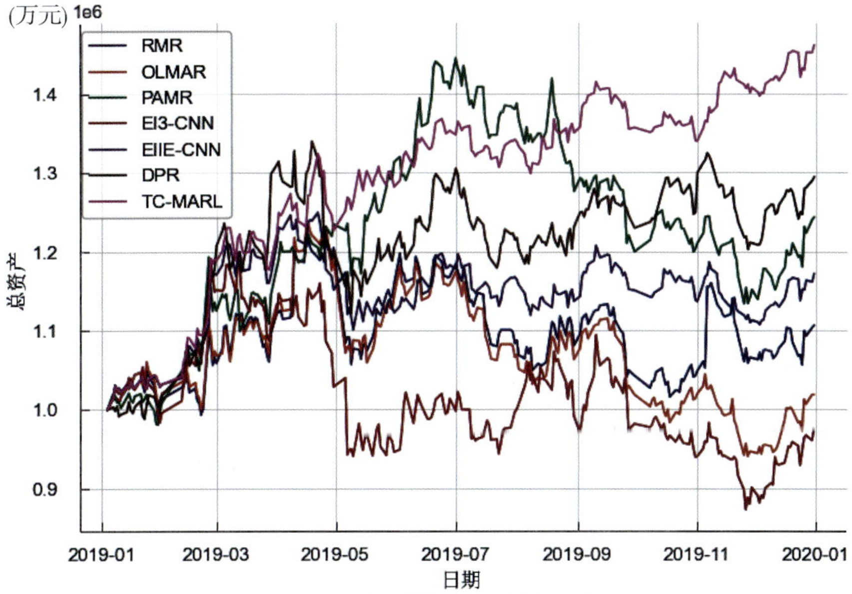

(a) 几只股票的趋势一致

图 5－5　不同算法在三个投资组合上的总资产曲线

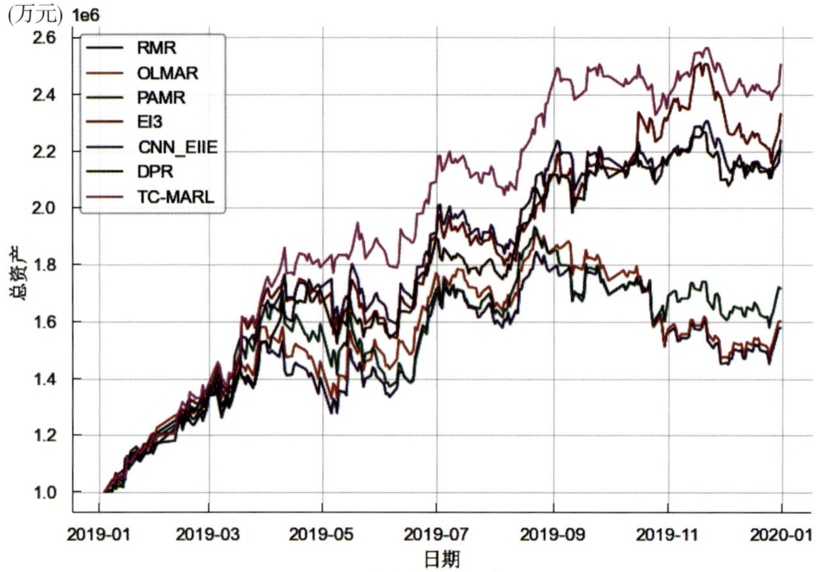

(b)白酒行业

图 5－5 不同算法在三个投资组合上的总资产曲线

(c)军工行业

图 5－5 不同算法在三个投资组合上的总资产曲线

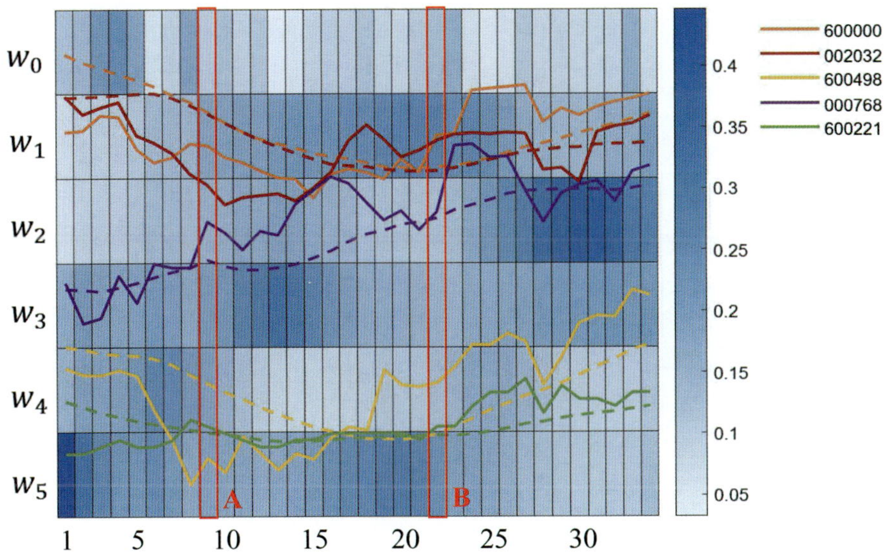

(a) TC-MARL算法的权重图

图 5－6　几个强化学习算法在不同时刻的权值对比

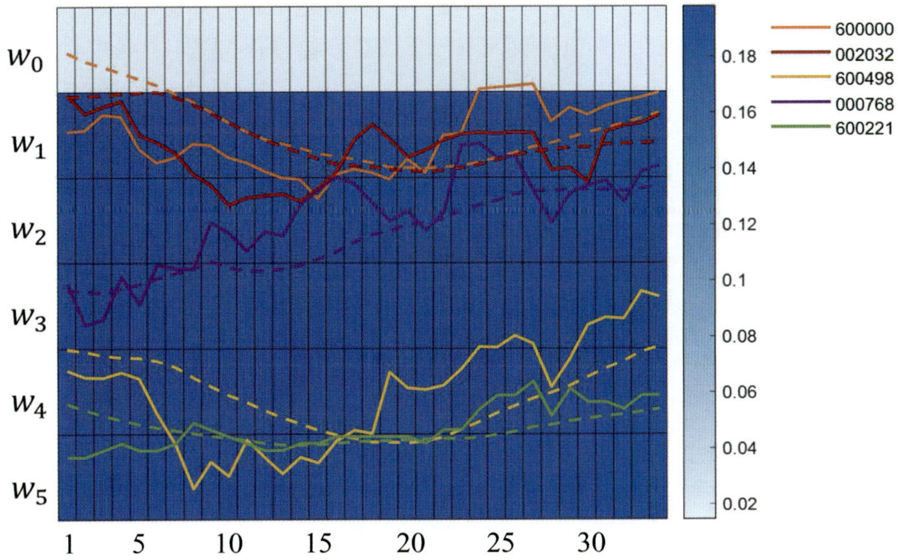

(b)EIIE-CNN 算法的权重图

图 5－6　几个强化学习算法在不同时刻的权值对比

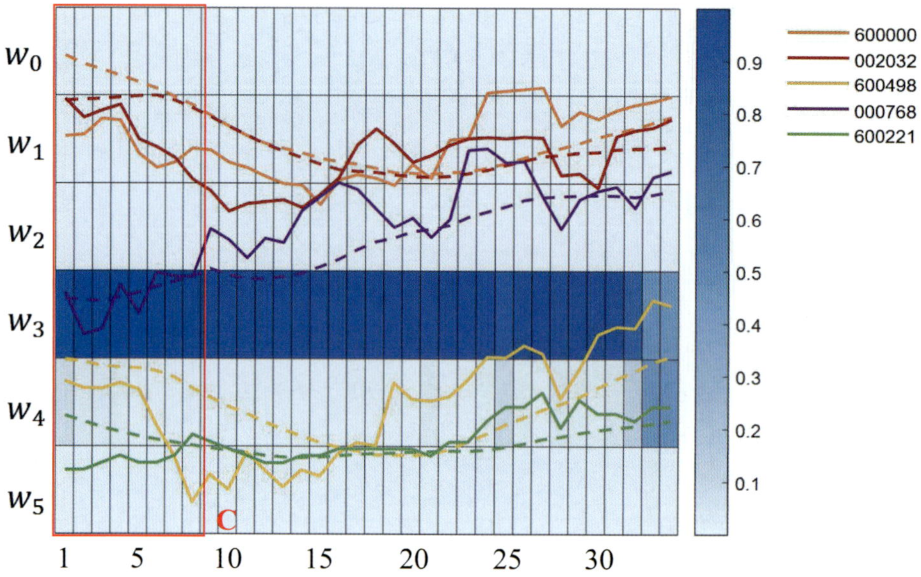

(c) EI³算法的权重图

图 5－6　几个强化学习算法在不同时刻的权值对比

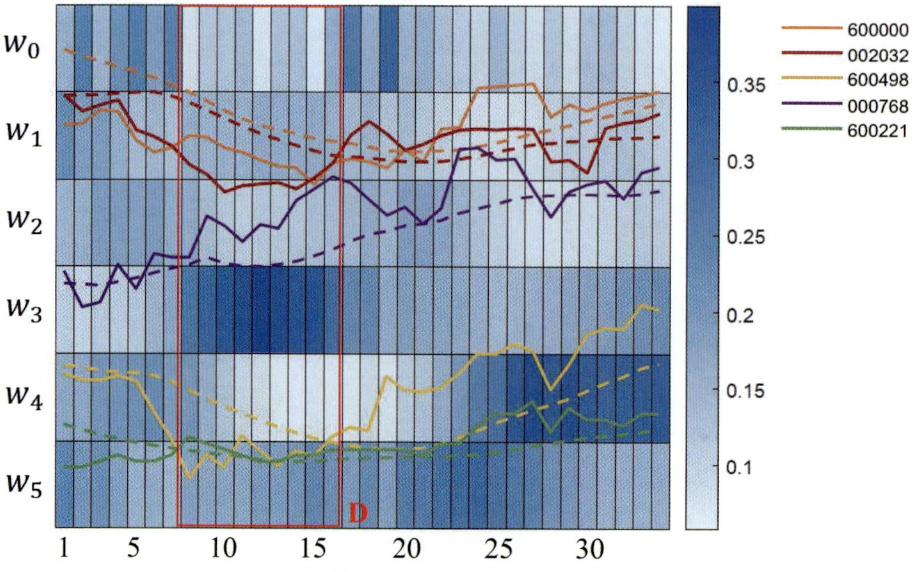

(d) DPR算法的权重图

图 5－6　几个强化学习算法在不同时刻的权值对比

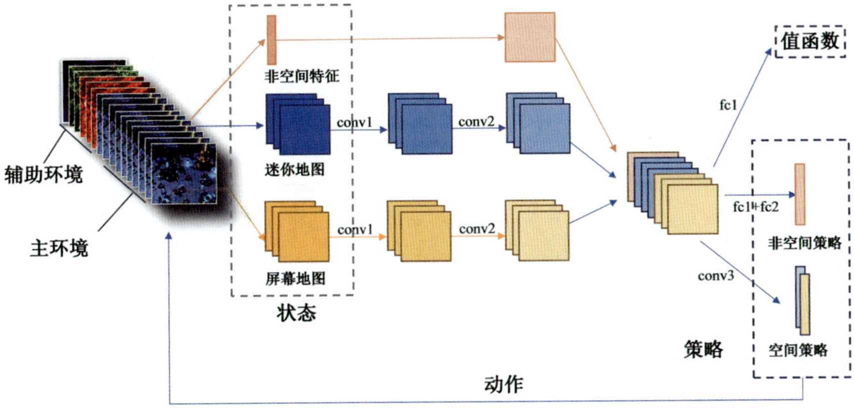

图 6 – 1　用于解决星际争霸游戏的 PMES 算法结构

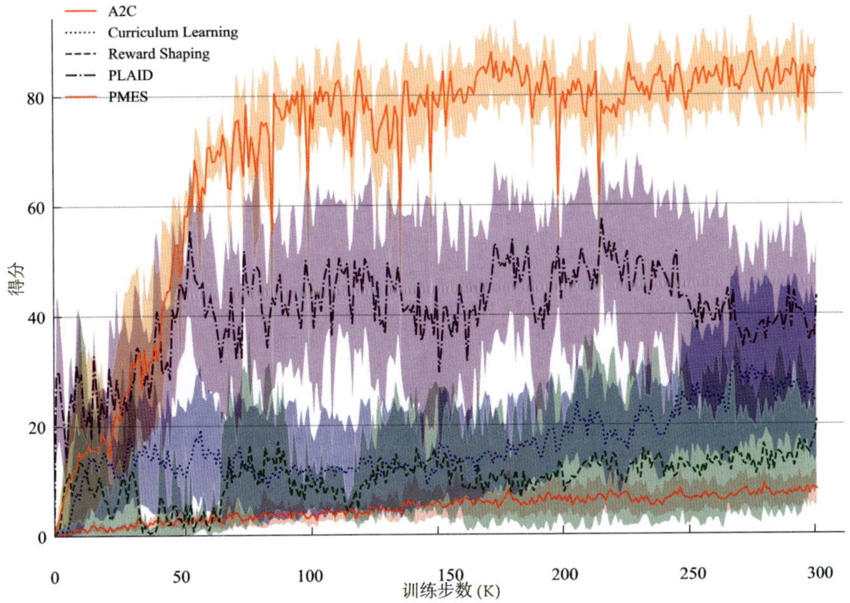

图 6 – 4　A2C、课程学习、奖励塑形、PLAID、PMES 算法的平均得分值比较

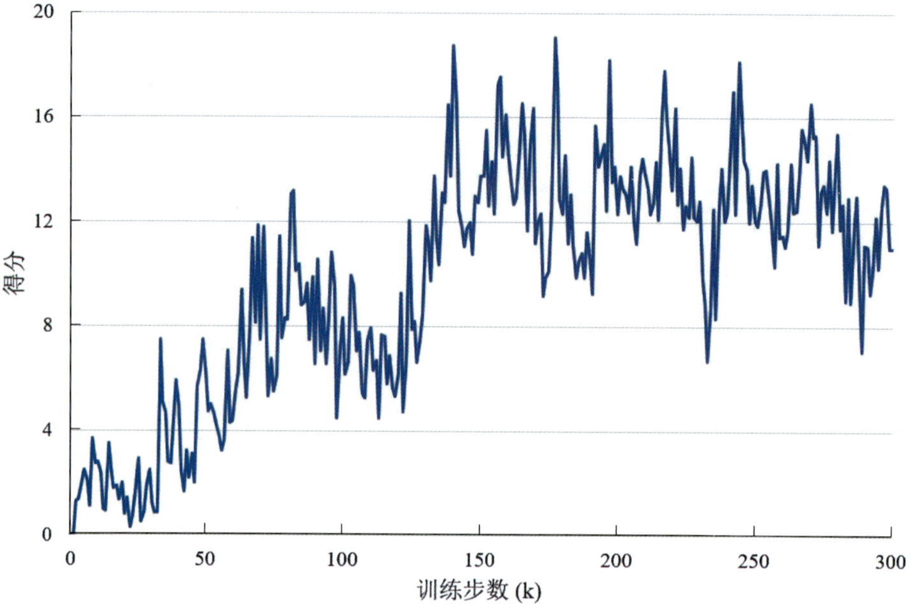

(a)得分的变化过程

图 6－6　A2C 算法的训练过程

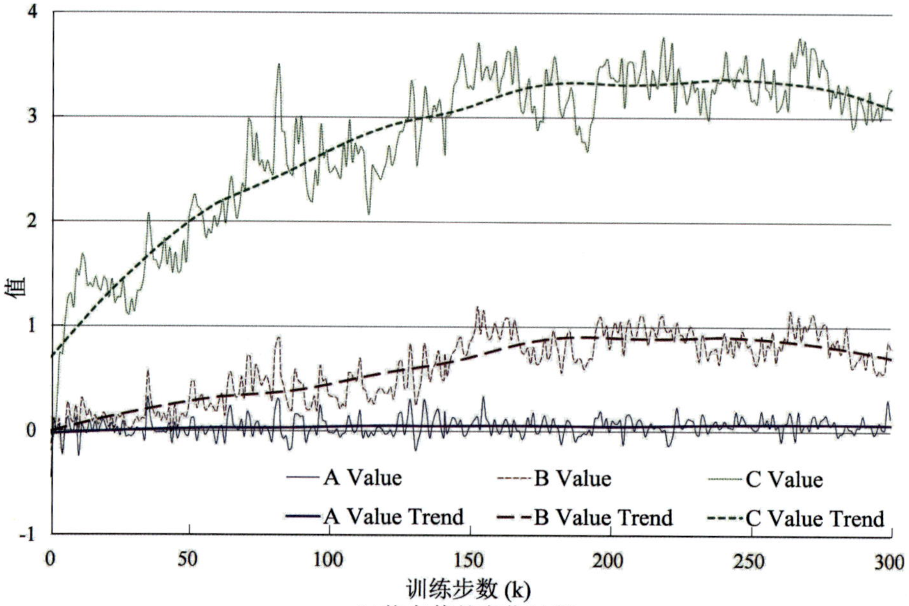

(b)状态值的变化过程

图 6－6　A2C 算法的训练过程

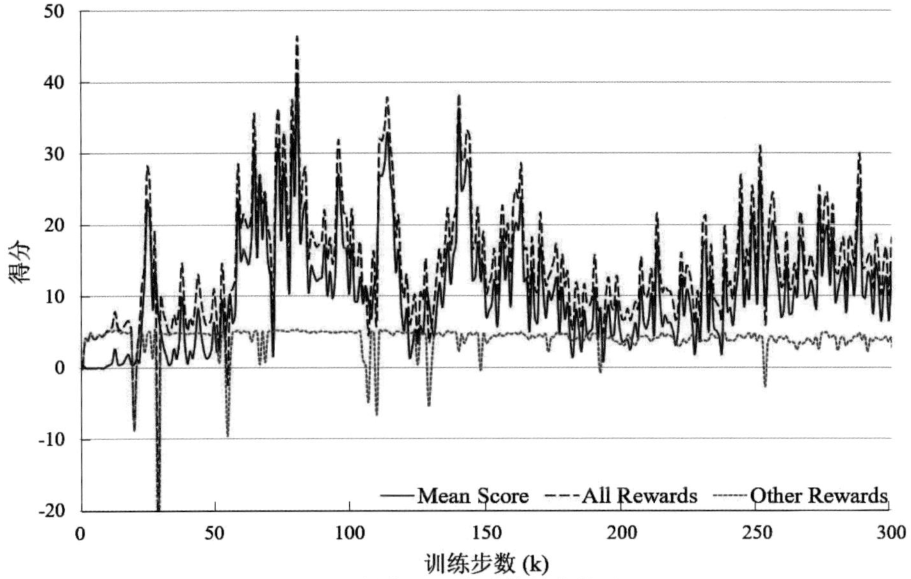

(a) 得分以及奖励值的变化过程

图 6－7　奖励塑形算法的训练过程

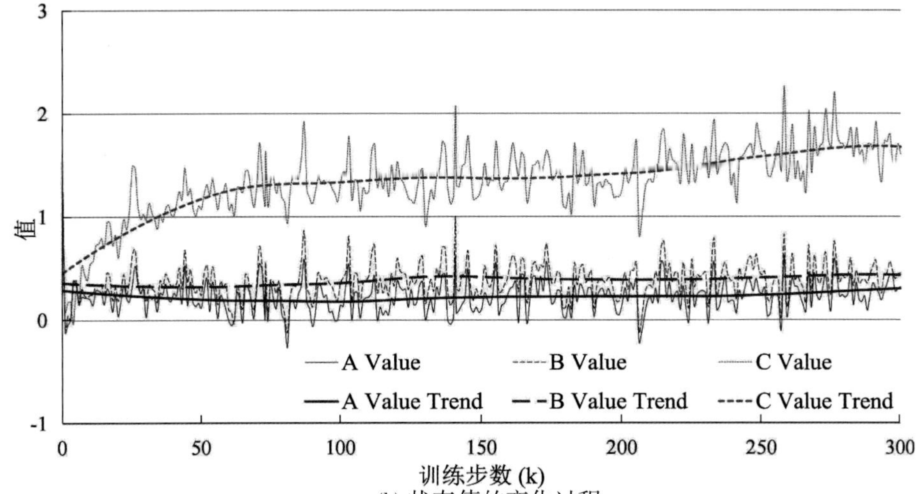

(b) 状态值的变化过程

图 6－7　奖励塑形算法的训练过程

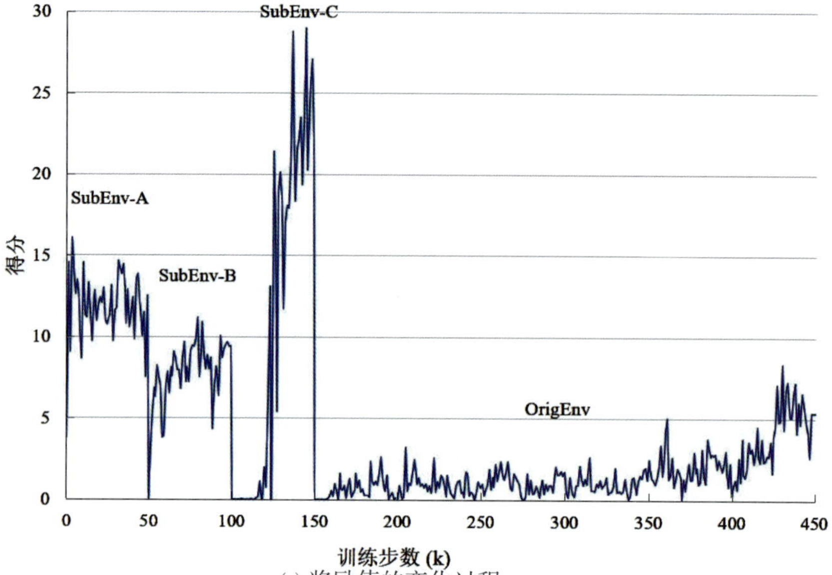

(a) 奖励值的变化过程

图 6－8　课程学习算法的训练过程

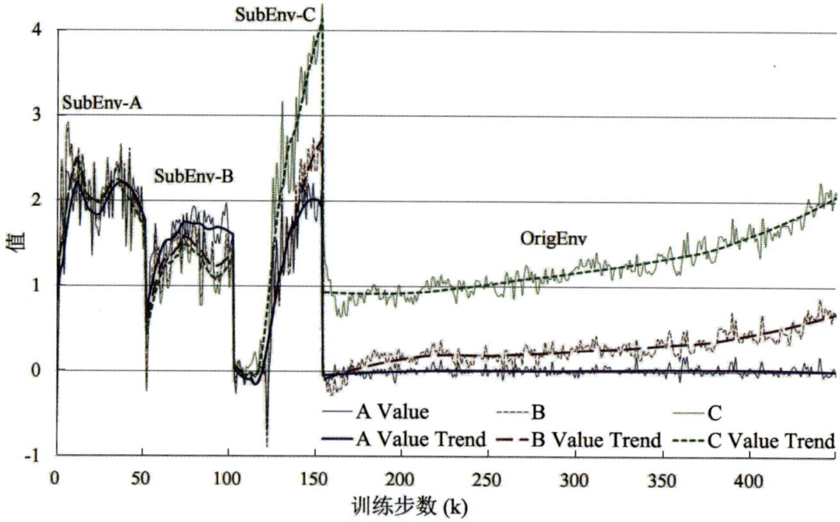

(b) 状态值的变化过程

图 6－8　课程学习算法的训练过程

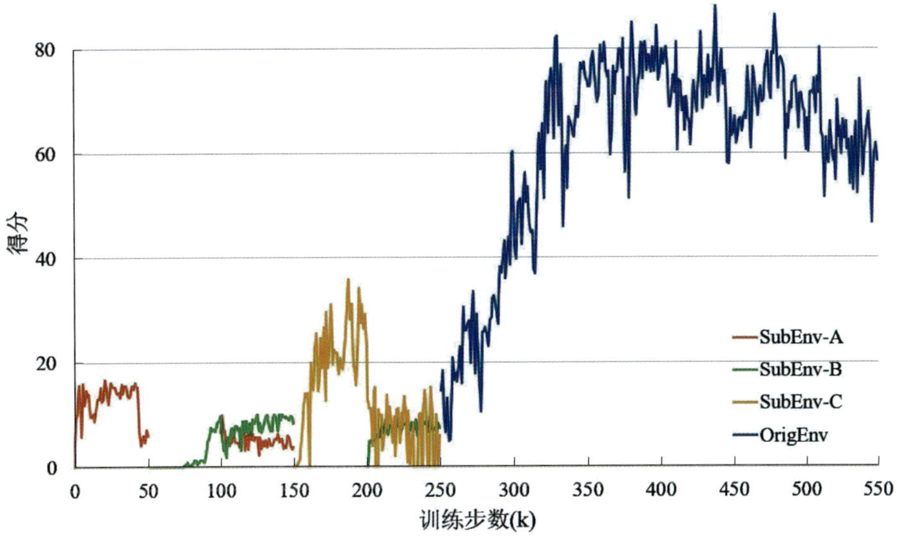

(a)奖励值的变化过程

图 6－9　PLAID 算法的训练过程

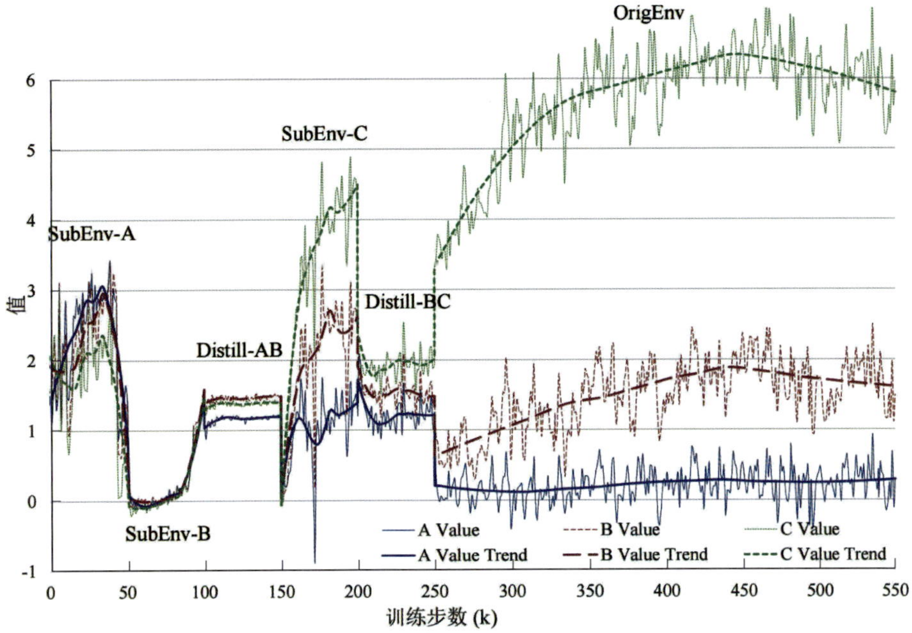

(b)状态值的变化过程

图 6－9　PLAID 算法的训练过程

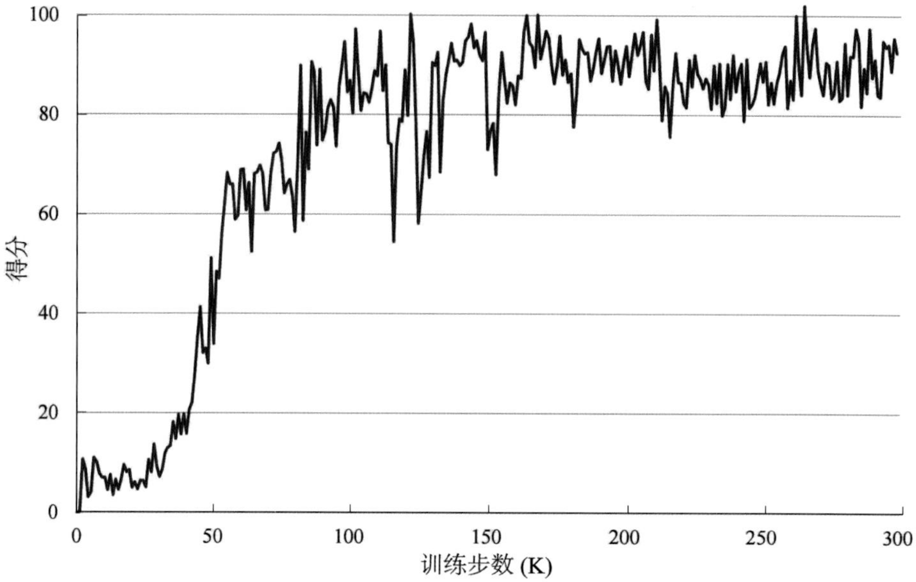

(a)奖励值的变化过程

图 6-10　PMES 算法的训练过程

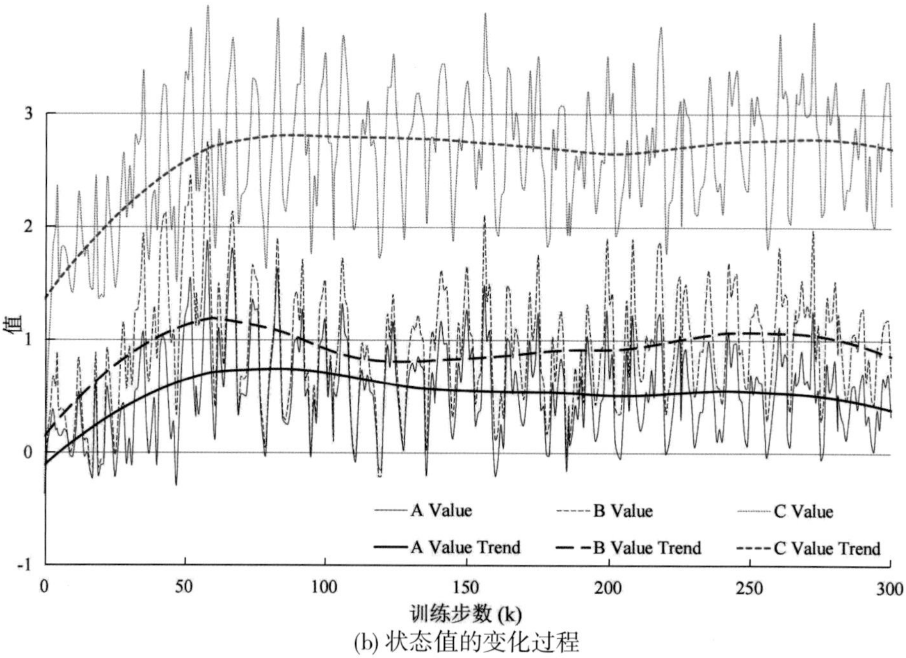

(b) 状态值的变化过程

图 6-10　PMES 算法的训练过程

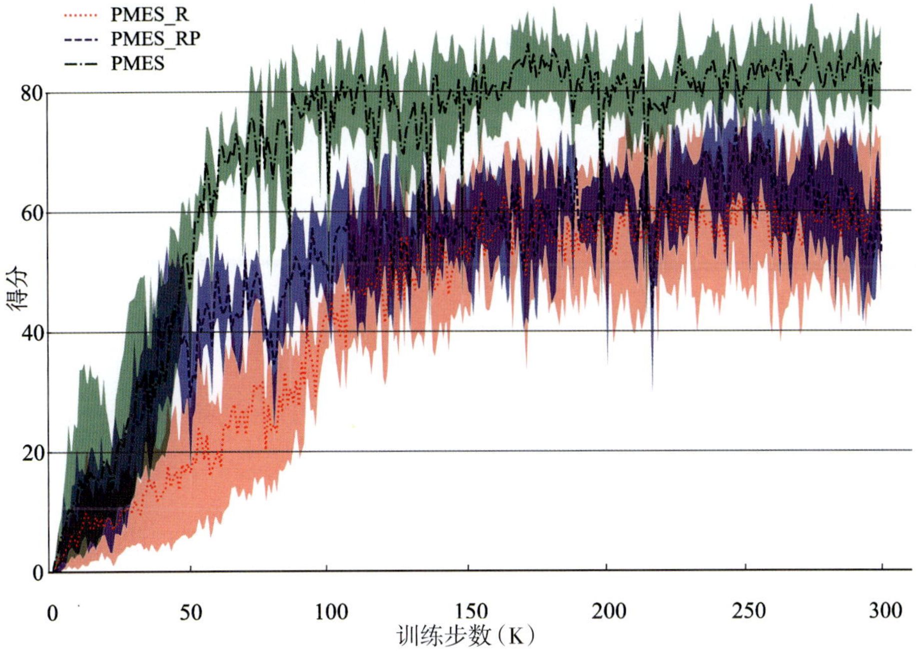

图 6－11　编码不同的信息到子环境中对模型性能的影响

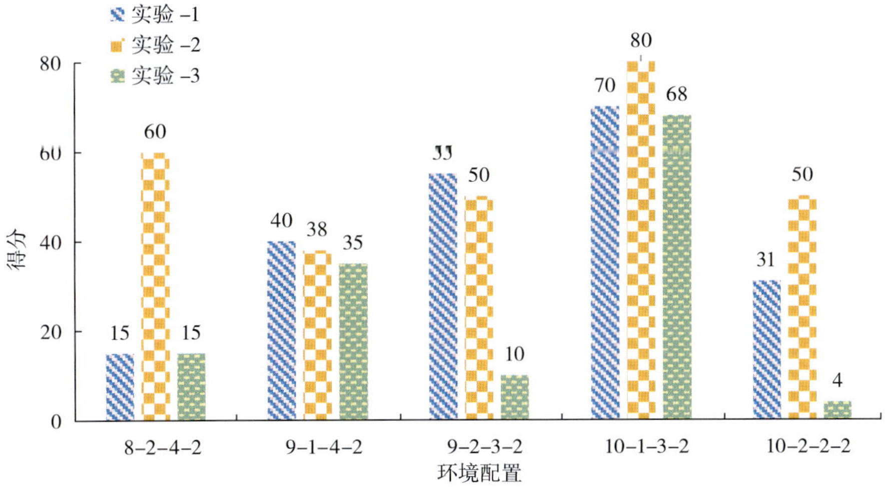

图 6－12　环境个数配置对模型性能的影响